Die Geschichte der Menschheit
ist ein Ozean von Irrtümern,
in dem unentdeckt
einige wenige Wahrheiten herumtreiben.
C. de Beccaria

Der Herausgeber hat einen »Bundesverband zur Förderung des Mißerfolgs« ins Leben gerufen, der auch ein Dokumentationszentrum der Niederlagen und Fehlschläge aufbauen will. Wer von Fällen eklatanten Mißerfolgs Kenntnis hat, wird gebeten, diese formlos (aber leserlich!) mitzuteilen. (»Mißerfolg«, c/o Eichborn Verlag, Sachsenhäuser Landwehrweg 293, D-6000 Frankfurt 70). Wer des Schreibens nicht mächtig ist, kann uns gern anrufen: (0 69) 68 10 79.

Das **neue** Lexikon der Niederlagen

Herausgegeben
von
Uwe Gruhle

Eichborn Verlag

August gewidmet, den sie einfach platt gefahren haben.

CIP-Titelaufnahme der Deutschen Bibliothek

Das **neue Lexikon der Niederlagen** / hrsg. von Uwe Gruhle. –
Einmalige Sonderausg. – Frankfurt am Main : Eichborn 1990
ISBN 3-8218-3002-6

Sonderausgabe: Januar 1990

Schutzumschlag: Dö Van Volxem · Gesamtherstellung: Ebner Ulm · Printed in Germany · ISBN 3-8218-3002-6 · Verlagsverzeichnis schickt gern: Eichborn Verlag, D-6000 Frankfurt 70

Vorwort

Sieger, Gewinner und Genies gibt es nur wenige. Sie leben auf einsamer Höhe, isoliert, verlassen, häufig an der Welt verzweifelnd. Wir, die Erfolglosen, sind viele. Wir sind eine große Familie, in die jeder, der Fehlschläge erleidet, freudig aufgenommen wird.
Es ist schon richtig, was Wolf Krämer, der Herausgeber der ersten Ausgabe dieses wunderbaren (!) Lexikons, seinen Lesern mit auf den Weg gab: »Inkompetenz auf allen Gebieten, das ist es, was den Menschen auszeichnet. Was uns vom Tier unterscheidet!«
Und wie zum Beweis fällt mir da die Geschichte des Armin Hary ein. Dieses Genie des Hundert-Meter-Laufs legte in kürzester Zeit einen Weltrekord hin und grabschte bei den Olympischen Spielen in Rom zwei Goldmedaillen. Dann bestritt er kein Rennen mehr, um den Nimbus des Unbesiegbaren zu wahren. Da stand es inmitten einer Flut sportlicher Niederlagen: das Monument Armin Hary. Einige Jahre später legte ihn ein Immobilienmakler, mit dem Hary gemeinsame Sache machte, tüchtig aufs Kreuz. Hary kam vor Gericht, wurde verurteilt und – war wieder Mensch, einer von uns. So ergeht es gottlob den meisten Siegertypen: über kurz oder lang kehren sie zurück in die Menschengemeinschaft der Verlierer.
Aber was rede ich. Ich wollte ja doch etwas zu diesem Buch sagen, über den Verleger räsonieren und mich selbst ein wenig ins vorteilhafte Licht rücken. Also:
Daß das erste »Lexikon der Niederlagen«, der vor Jahren erschienene Vorläufer dieses wunderbaren (!) Werks, ein Mißerfolg war, kann ich nur bestätigen. Es wurden weit unter 1 Million Exemplare verkauft. Wolf Krämer, der seinerzeitige Herausgeber, dem ich für seine miserable Vorarbeit danke, muß immer noch jobben, weil das Lexikon viel zuwenig abgeworfen hat. Deshalb und weil er sich mit dem Verleger über den scheußlichen Schutzumschlag dieses wunderbaren (!) Lexikons nicht einigen konnte, hat er die Brocken hingeschmissen.
Nachdem Verleger Eichborn den fähigen Herausgeber Krämer verloren hatte, suchte er sich eine **richtige** Flasche, die ihm das »Neue Lexikon der Niederlagen« zusammenschustern sollte. Er fand mich: für ihn in mehrfacher Hinsicht ein Glücksgriff.
Erstens ist es mir schnurzegal, daß Eichborn, der geborene Bierverleger, versehentlich an Bücher geraten ist und die Leser nun mit Schmachtfetzen wie »Hühneraugen weinen nicht« quält. (Ehrlich gesagt, wo sonst, wenn nicht in diesem Bruch-Verlag soll denn das wunderbare (!) Lexikon erscheinen?!)
Zweitens hat er spitz gekriegt, daß ich saufleißig bin. Und das braucht's dringend. Denn im Verlag sind all die zahllosen Anregungen und Hinweise, die aufgrund der ersten Ausgabe des Lexikons von den Lesern nicht eingesandt wurden, spurlos verschwunden. Nur ein Versager wie ich kann auf die Schnelle so viele Niederlagen daherbeten, daß der Verleger mit einigem Anstand behaupten kann, dieses wunderbare (!) Lexikon sei neu.

Drittens schätzt er meine Schüchternheit und Gutgläubigkeit. Wenn ich schon mal kleinlaut das Wort Honorar über die Lippen bringe, klagt er sofort tosend über die miese Konjunktur, fixiert mich mißbilligend, daß es mir abwechselnd kalt und heiß wird, und fragt theatralisch: ob ich ihn denn endgültig in die Pleite treiben wolle. Das wirkt jedesmal. Ich möchte fast vergehen vor Verlegenheit und schleiche sooo klein mit Hut aus dem Verlagskontor. Manchmal schickt mir der Verleger beim Weggehen ein mitleidig-hämisches Lachen hinterher. Dann weiß ich, daß er mir nicht böse ist, und es geht mir wieder etwas besser.

Du merkst schon, Leser(in), ich werde vom Verlag ziemlich geknechtet. Um's ihm wenigstens teilweise zurückzuzahlen, bitte ich Dich, Leser(in), dem Verlag möglichst viel Kritik, Anregungen und neue Niederlagen mitzuteilen, und zwar in unfrankierten Briefcouverts. Eichborn ist so neugierig, daß er's nicht fertigbringt, Briefe zurückgehen zu lassen. Lieber zahlt er Strafporto. Und hinterher ärgert er sich eine Gastritis in den Bauch. Diese Genugtuung solltest Du mir schon verschaffen, Leser(in).

Wenn wir jetzt schon per Du sind, will ich Dir, Leser(in), noch verraten, wie das Buch aufgebaut ist: **Erst** kommen die Gesetze der Niederlagen. Das sind verdammt viele geworden. Aber es gibt ja auch ungeheuer viele Wege, um auf die Nase zu fallen. **Dann** kommen die Niederlagen von A bis Z, nach Stichwörtern geordnet, mit Überschriften versehen und alle wirklich passiert. Wenn Du, Leser(in), Dich in diesem wunderbaren (!) Lexikon selbst wiederfindest, bist Du in den Versageradel aufgestiegen. Du weißt ja, jeder abgefuckte Wichtigtuer steht im Brockhaus. Du mußt nur irgendwas Erfolgsverdächtiges anstellen, schon stehst Du drin. Aber aus dem Meer der Niederlagen herauszuragen: DAS IST WIRKLICH WAS!

Am Schluß findest Du ein Glossar mit wichtigen Wörtern für Versager in 26 Sprachen. Damit Du, Leser(in), Dich in der Welt locker zurechtfindest.

Dein Herausgeber

Die Gesetze der Niederlagen

Das Gesetz vor allen Gesetzen

»Der Mensch ist ein Irrtum der Natur.«

1. Elementargesetze

Erstes Urgesetz
»Ein Unglück kommt selten allein.«

Zweites Urgesetz
»Dieses Leben ist eines der schwersten.«

Drittes Urgesetz
»Verlierer sind immer allein.«

Jungs Urgesetz
»Du kannst es drehen und wenden solange du willst, der Arsch bleibt immer hinten.«

Murphys Urgesetz
»Alles, was schiefgehen kann, **wird** schiefgehen.«

Abgeleitete Murphy-Gesetze
»**Immerzu** geht alles schief.«
»Nichts geht so leicht wie es aussieht.«
»Alles dauert länger als du denkst.«
»Wenn dir verschiedene Dinge danebengehen können, läuft immer das schief, was dir den größten Ärger bereiten wird.«
»Wenn du vier Möglichkeiten herausgefunden hast, eine Angelegenheit in die Scheiße zu reiten, und du vermeidest sie, so fliegst du todsicher auf dem fünften Lösungsweg elendiglich auf die Schnauze.«
»Wenn du den Dingen ihren Lauf läßt, enden sie noch katastrophaler.«
»Wenn du eine Aufgabe hast, die du mit Freude angehen willst, gibt es immer ein paar quälende Dinge, die du zuvor noch erledigen mußt.«
»Jede Lösung schafft neue Probleme.«
»Versteckte Mängel kommen immer zum unpassendsten Zeitpunkt ans Tageslicht.«
»Die wertvollsten Sachen gehen immer zuerst kaputt.«
»Die Natur ist immer gegen dich.«
»Wenn die Chose anfängt gut zu laufen, geht garantiert etwas schief.«
»Alles, was gut anfängt, endet schlecht, und was schlecht anfängt, endet auch nicht besser.«
»90% von allem ist Dreck.«
»Wenn dir etwas gefällt, kriegst du's nicht; und wenn du etwas nicht ausstehen kannst, kriegst du's nicht los.«
»Gute Gelegenheiten schnappen dir immer andere weg.«

Samuel Becketts Urgesetz
»Nichts zu machen.«

Der Marxsche Irrtum
»Jeder nach seinen Fähigkeiten, jedem nach seinen Bedürfnissen.«
Korrektur des Marxschen Ur-Irrtums
»Jeder nach seiner Unfähigkeit, jedem nach seiner Maßlosigkeit.«

Adenauers Ur-Warnung
»Die Lage war noch nie so ernst.«
Folgewarnung
»Die Lage spitzt sich zu.«
Entwarnung
»Die Lage ist da.«

Berners Fundamentalgesetz des Mißerfolgs
»Der Mensch neigt zur Ignoranz. Ignoranz führt tendenziell in den Mißerfolg. Ist der point of no return überschritten, gibt es kein Entrinnen mehr.«

2. Elementarpflicht der Erfolglosen (nach Harry)

»Unterlasse das eine, ohne das andere zu tun.«

3. Elementarrecht der Erfolglosen (nach Harry)

»Du hast das Recht, dich an den Mißerfolgen anderer zu weiden.«

4. Gesetze der Spontis

»Da wir von allem nichts verstehen, reden wir überall mit.«

»Der Mensch steht im Mittelpunkt, also allen im Wege.«

»Es genügt nicht, keine Meinung zu haben, man muß auch unfähig sein, sie auszudrücken.«

»Frisch gewagt, ist halb verloren.«

»Was heute noch nicht richtig ist, kann morgen schon fast falsch sein.«

»Wir sind zu allem fähig, aber zu nichts zu gebrauchen.«

»Wo wir sind, klappt nichts, aber wir können nicht überall sein.«

5. Die Gesetze des Lebens

Walters Lehrsatz

»Wenn du morgens mit dem falschen Fuß zuerst aufstehst, ist sowieso alles klar; wenn nicht, brauchst du dir aber auch keine Hoffnungen zu machen.«

Raddatz-Rule

»Freunde kommen und gehen, nur die Feinde werden immer mehr.«

Kirchners Gesetz

»Niemand interessiert sich wirklich dafür, wie es dir geht.«

Kreitleins Erfahrungssatz

»Der Rat eines erfahrenen Menschen ist die Summe seiner Fehlentscheidungen, Mißerfolge und Niederlagen. Du kannst sicher sein, daß er dich mit den allerbesten Absichten ins allergrößte Unglück schickt.«

Herbergers Lapidar-Gesetze

»Der Ball ist rund.«

»Jedes Spiel dauert neunzig Minuten.«

»Das nächste Spiel ist immer das schwerste.«

Plögers Glaubenssatz

»Niemand sollte ohne Glauben leben; ich z. B. glaube, ich brauch' noch ein Bier.«

Fienholds Glücksgesetz

»Dein Los gewinnt erst, wenn du's gekündigt hast.«

Fienholds Moralgesetz

»Es ist unmoralisch, einem Einfaltspinsel sein Geld nicht wegzunehmen.«

Roberts Gesetz

»Verlorene Gegenstände findest du immer dort, wo du zu allerletzt suchst.«

Walters Weisheit

»Alles, was man lange genug aufbewahrt hat, kann man wegschmeißen. Kaum ist es weggeworfen, braucht man es dringend wieder.«

Journalisten-Regel
»Fehlt im Zeitungsarchiv eine einzige Ausgabe, so ist es garantiert die, in der sich der für dich wichtige Artikel befindet.«

Folgeregel
»Alle deine Freunde haben diese Ausgabe weggeworfen oder verloren.«

Zusammenfassung
»Du findest den Artikel erst wieder, wenn du ihn bereits unter großen Mühen aus dem Gedächtnis rekonstruiert hast.«

Mörmanns Regel
»Alles kann in Arbeit ausarten, du mußt an einer Sache nur lange genug herumpfriemeln.«

Das Gesetz der Preiswürdigkeit
»Egal wie lange und intensiv du die Preise vergleichst: wenn du gekauft hast, siehst du's woanders erheblich billiger.«

Internationales Luftfahrtgesetz
»Wenn deine Maschine Verspätung hat, ist die Anschlußmaschine garantiert pünktlich.«

Staugesetz
»Die auf der anderen Fahrspur kommen schneller vorwärts.«

Radfahrergesetz
»Ganz egal, wohin du fährst: es geht immer bergauf, und du hast immer Gegenwind.«

Spargesetz
»Es kommt nicht darauf an, wieviel etwas kostet, sondern wieviel man dabei spart.«

Annas Resignationsgesetz
»Alles Schöne im Leben ist entweder illegal, unmoralisch, oder es macht dick.«

Kommunikationsgesetz
»Es findet sich immer jemand, der dich mißversteht.«

Carpet-Gesetz
»Die Wahrscheinlichkeit, daß ein Marmeladenbrot auf die geschmierte Seite fällt, steigt überproportional mit dem Preis des Teppichs, auf dem es landet.«

Dr. Hooks Axiom
»Die Summe aller Intelligenz auf unserem Planeten bleibt ewig gleich. Nur die Bevölkerung wächst.«

Harrys Lebenserfahrung
»Ein Mann mit einer Uhr weiß, wie spät es ist. Ein Mann mit zwei Uhren ist sich niemals sicher.«

Quiskes Postulat
»Du weißt nie, wie tief eine Pfütze ist — es sei denn, du trittst rein.«

Peters Postulat
»Sei nicht unruhig, wenn du dich wohl fühlst. Das geht vorbei.«

Winfrieds Berufs-Regel
»Geht eine Sache glatt, kommt sie auch ins Rutschen.«

Frust-Gesetz (nach Freud)
»Die Frauen beneiden die Männer um den Penis und sind frustriert. Die Männer beneiden die Frauen ums Kinderkriegen und sind frustriert. Die Söhne dürfen ihre Mütter nicht heiraten und sind frustriert. Die Töchter... undsoweiter undsoweiter.«

6. Gesetze der Technik

Ing. Kreiskys Gesetz
»Nichts funktioniert.«

Philipps Gesetz
»Jedes Gerät ist reparaturanfällig.«

Hagens Gesetz
»Jeder hat einen Plan, der auch nicht funktioniert.«

Klatts Fallgesetz
»Wenn etwas fällt, fällt es immer so, daß es den größtmöglichen Schaden anrichtet.«

Antons Fallgesetz
»Jedes Werkzeug, das dir aus der Hand fällt, rollt unweigerlich in die unübersichtlichste Ecke der Werkstatt.«

Antons Folgesatz
»Bei der Suche wirst du dir an dem Werkzeug garantiert die Zehen wundstoßen, bevor du es findest.«

Lehrsatz von der Unauffindbarkeit
»Die Unauffindbarkeit eines heruntergefallenen Teils wächst überproportional mit seiner Bedeutung für die Komplettierung des Werkstücks.«

Ordnungsgesetz
»Je sorgfältiger du ein Werkzeug, das du nicht mehr benötigst, verstaust, um so eher brauchst du es wieder.«

Vitos Gesetz
»Wenn etwas klemmt, versuchs mit Gewalt. Geht's kaputt, muß es sowieso erneuert werden.«

Röpers Lerngesetz
»Mit der Zahl der ruinierten Werkzeuge wächst deine Erfahrung.«

Ottilies Rezept
»Wenn alles andere versagt, mußt du halt doch die Gebrauchsanweisung durchlesen.«

Axel-Strigl-Satz
»Gebrauche niemals Gewalt — nimm lieber einen größeren Hammer.«

Knaufs Gesetz
»Nachdem du alle 16 Sicherungsschrauben der Abdeckhaube sorgfältig festgezogen hast, stellst du fest, daß du einen Dichtungsring vergessen hast einzusetzen.«

Ing. Duda-Methode
»Du mußt nur lange genug an etwas herumpfuschen, dann kriegst du's auch kaputt.«

Service-Gesetz (nach Henri Schmid)
»Die Funktionstüchtigkeit einer Anlage nimmt mit der wachsenden Zahl und Qualifikation der sie wartenden Fachleute ab.«

Service-Frage (nach Henri Schmid)
»Alle Gerätehersteller unterhalten überall im Land protzige Reparatur-Zentren. Warum wohl?«

7. Militärgesetze

Soldatengesetz
»Denken unerwünscht.«

Offiziersgesetz
»Jeder Befehl, der mißverstanden werden kann, wird mißverstanden.«

8. Gesetze der Wissenschaft

Hermanns Gesetz
»Nachdem du deine Forschungsergebnisse sorgfältig analysiert hast, wird dir mitgeteilt, daß dein Projekt nicht weiterverfolgt wird.«

Kalkar-Gesetz
»Mit zunehmender Aussichtslosigkeit eines Forschungsprojekts wächst die Bereitschaft des Staates, das Projekt finanziell zu unterstützen.«

Gesetz vom wissenschaftlichen Fortschritt«
»Der Fortschritt auf einem wissenschaftlichen Forschungsgebiet nimmt mit der steigenden Zahl einschlägiger Fachzeitschriften ab.«

Dr. Emrichs Arbeitsregeln
»Alle praktische Forschung dient nur der Rechtfertigung deiner Theorie.«
»Falls die Tatsachen nicht der Theorie entsprechen, muß eine neue Untersuchung stattfinden.«

Fetts Experimentier-Gesetze
»Wenn ein Experiment funktioniert, muß irgendwo ein Fehler sein.«
»Erfolgreiche Experimente lassen sich nicht wiederholen.«

Brooks Gesetz
»Wenn du an der Lösung eines Problems arbeitest, ist es immer gut, die Lösung bereits zu wissen.«

Das Hackethal-Gesetz
»Alle Kollegen sind Scharlatane.«

Das Dr. Mildred Scheel-Gesetz
»Hackethal ist ein Scharlatan.«

Das Gesetz der Hoffnung (nach Dr. Burckhart)
»Alle großen Entdeckungen basieren auf Fehlern.«

Allgemeines Statistik-Gesetz (gegen Noelle-Neumann)
»Sammle einen Wust von Daten, und du kannst alles beweisen.«

Atlantis-Gesetz
»Wenn du deine Theorie endlich nach allen Seiten wissenschaftlich abgesichert hast, macht bestimmt irgendein Idiot eine Entdeckung, die dein ganzes schönes System aus den Angeln hebt.«

9. Gesetze der Wirtschaft und Verwaltung

Abs' Gesetz
»Kreditfähigkeit hat nichts mit Kreditwürdigkeit zu tun — und umgekehrt.«

Mommsen-Regel
»Sachliche Entscheidungen werden nur dann gefällt, wenn alle anderen Möglichkeiten erschöpft sind.«

Rohledders Gesetz
»In der Wirtschaft herrschen zwei Menschentypen vor: solche, die von dem, was sie **nicht** managen, viel verstehen — und solche, die von dem, was sie managen, **nichts** verstehen.«

Kienbaum-Axiom
»Das teuerste Gutachten gilt immer als das qualifizierteste.«

Chef-Regel (resignativ)
»Wenn du deine Leute auf Trab bringst, stolpern sie.«

Erfolgsgesetz (nach Schlieker)
»Negative Erwartung — negativer Erfolg. Positive Erwartung — negativer Erfolg.«

Haibachs Gesetz
»Trivialitäten erledige ich prompt — wichtige Dinge bleiben liegen.«

Buchners Gesetz
»Hat sich ein Projekt verzögert und die verlorene Zeit soll durch den Einsatz weiterer Leute wettgemacht werden, dauert es noch länger.«

Kaloffs Gesetze
»Die Dauer einer Besprechung wächst im Quadrat zur Anzahl der Anwesenden.«
»Je weniger du Konferenzen schätzt, um so häufiger wirst du gezwungen sein, daran teilzunehmen.«

Trumans Gesetz
»Wenn du nicht überzeugen kannst, dann verwirr' wenigstens.«

Edels Leitsatz
»Solange du's nicht selbst erledigen mußt, ist nichts unmöglich.«

Reaktionsgesetz auf gute Ideen
»1. Das geht unmöglich. Verschwende damit deine Zeit nicht!«
»2. Das ginge vielleicht schon, ist aber sinnlos.«
»3. Ich hab's ja die ganze Zeit gesagt — die Idee ist gut.«
»4. Das haben **wir** doch wirklich ganz toll hingekriegt.«

Horns Gesetz
»Die erste Niederlage ist immer die schwerste.«

Oltmanns Leitsatz
»Wenn ein Kollege über sein eigenes Mißgeschick grinst, weißt du, daß er weiß, wem er den ganzen Schlamassel anhängen wird.«

Suhrkamp Gesetz
»Ganz egal, wieviel du arbeitest, der Boß findet immer, du tust zu wenig.«

Assistenten-Regel
»Was du nicht erledigt hast ist immer wichtiger als das, was du bereits erledigt hast.«

Personalleiter-Gesetz
»Gute Leute **waren** bis vor kurzem zu haben; zu haben sind sie nicht.«

Gesetz der Menschenführung (nach Prof. Lutz)
»Die höchste Tugend der Führung ist es, Dinge so schnell zu ändern, daß kein Untergebener folgen kann.«

Greno-Gesetz
»Die, die etwas können, realisieren es; die, die etwas **nicht** können, unterrichten es; die, die zu blöd sind, es zu unterrichten, verwalten es.«

Spiegel Gesetz
»Wenn du den Eindruck gewinnst, daß der Boß über ein wichtiges Problem nachdenkt, überlegt er gerade, mit wem er nach dem Mittagessen bumsen könnte.«

BDI-Empfehlung

»Wichtige Konferenzen finden immer Freitagnachmittags statt.«

Peter Bögggelers Werberegel

»Je undankbarer und schwieriger eine Aufgabe, desto mickriger ist der Etat.«

Försters Überlebensregel

»Schreibe lange Berichte. Egal wie sinnlos sie sind: sie beweisen, daß du gearbeitet hast.«

Computer-Gesetze

»1. Kein Programm ohne Fehler.«
»2. Ist ein Programm brauchbar, muß es geändert werden.«
»3. Jedes Programm wird bis zur absoluten Unüberschaubarkeit vervollkommnet.«

Zusammenfassung

»Würden Häuser mit der gleichen Umsicht erstellt wie EDV-Programme, würde der erstbeste Specht die gesamte Zivilisation zum Einsturz bringen.«

Kalkulationsgesetze

»1. Keine Kalkulation ohne Fehler.«
»2. Kalkulationsfehler haben die generelle Eigenschaft, von größter Tragweite zu sein.«
»3. Vordrucke sehen grundsätzlich alles vor, was für deine Kalkulation ohne Bedeutung ist.«
»4. Der wichtigste Kostenfaktor eines Projekts wird beim Voranschlag garantiert vergessen.«
»5. Wenn nur ein Teil der Kostenfaktoren exakt ermittelt werden kann, sind dies mit Sicherheit die belanglosesten.«
»6. Wenn der Test fehlerlos verläuft, versagt die Anlage im Normalbetrieb permanent.«
»7. Rechne sicherheitshalber mit der Verdoppelung der Kosten; es ist immer noch zuwenig.«
»8. Grundlegende Konstruktionsänderungen werden erst als notwendig erkannt, wenn die Anlage so gut wie fertig ist.«
»9. Montage- und Betriebsanleitungen gehen bei der Warenannahme verloren oder werden vertauscht.«
»10. Wenn die Rechnung bezahlt ist, haben Anspruchs- und Garantieklauseln keinerlei Bedeutung mehr.«

Das Peter-Prinzip

»In einer Hierarchie wird jeder früher oder später bis zu seiner Stufe der Unfähigkeit aufsteigen.«

Peters Empfehlung

»Schaffe auf jeden Fall den Eindruck, daß du bereits die endgültige Höhe deiner Inkompetenz erreicht hast.«

Peters Gesetz

»Inkompetenz neutralisiert Inkompetenz.«

Parkinsons Gesetz

»Jeder Vorgesetzte bemüht sich, Untergebene um sich zu scharen — niemals Rivalen.«

Brandt-Regel

»Autoritäten übertragen Aufgaben immer demjenigen, der dazu am wenigsten geeignet erscheint.«

Beamtengesetze (nach Lauxmann)

»1. Wer Beamter wird, wird zum Beamten.«
»2. Wenn Beamte Beamte Beamte nennen, regen sich Beamte über Beamte auf.«
»3. Gegen den unfähigen, aber vorschriftstreuen Beamten ist kein Kraut gewachsen. Feuern kann man ihn nicht, höchstens befördern; aber das macht die Sache oft noch schlimmer.«

»4. Das es sich der Beamte leisten kann, zu denken: ›Leckt mich!‹, weil ihm ja doch niemand was anhaben kann, bleibt ihm viel Streß erspart, der zur Verkürzung seines späteren Ruhestandes beitragen könnte.«

»5. Im Staatsdienst ist es so: Wenn kein formeller Ausgabegrund vorhanden ist, dürfen nicht einmal 10 Pfennige ausgegeben werden; selbst dann nicht, wenn damit 10000 Mark gespart werden könnten.«

»6. Die Beamtenseele ist zufrieden, wenn in der Behörde die technisch einwandfrei funktionierende Orientierungslosigkeit herrscht.«

»7. Computer sind die unerbittlichsten Bürokraten. Sie übertreffen an Humorlosigkeit sogar den Beamtenapparat einer ganzen Riesenbehörde.«

Galbraiths Erkenntnis

»Gern vergrößert man — proportional zu den zu erwartenden Schwierigkeiten — die Zahl derer, die damit fertig werden sollen. Da manche Probleme unendlich schwierig sind, liegt es nahe, die Zahl der Beschäftigten ebenfalls ins Unendliche zu vergrößern.«

Ergänzung zu Galbraith

»Erhöht man die Zahl der Beschäftigten, dann erhöht sich auch die Zahl derer, die um Genehmigung gefragt werden müssen. Daraus folgert: bei unendlich vielen Beschäftigten muß jegliches Handeln auch unendlich hinausgezögert werden.«

Versager-Code der Personalbosse

Zeugnis: Originalton	Bedeutung
»Herr Uwe Gruhle hat sich durch über zehnjährige Mitarbeit in unserem Unternehmen bewährt.«	»Wir sind froh, daß wir ihn endlich los sind.«
Herr Uwe Gruhle erwies sich stets als ein Mensch, mit dem man auskommen kann.«	»Ein schlimmerer Querulant konnte uns gar nicht unterkommen.«
»Herr Uwe Gruhle zeichnete sich durch ungewöhnliche Pünktlichkeit aus.«	»Einen unangenehmeren Pedanten kann man sich gar nicht vorstellen.«
»Herr Uwe Gruhle konnte in jeder Hinsicht sinnvoll eingesetzt werden.«	»Er war unser Betriebstrottel.«
»Obwohl Herr Uwe Gruhle mit teilweise schwierigen Aufgaben betraut wurde, bemühte er sich doch jederzeit, ihnen — soweit es in seinen Kräften stand — gerecht zu werden.«	»Er war absolut nicht dazu in der Lage, selbständig zu arbeiten. Er war eine ausgemachte Flasche.«

Versager Code

»Herr Uwe Gruhle zeichnete sich insbesondere dadurch aus, daß er sich mit einer ungewöhnlich intensiven Konzentrattion allen ihm gestellten Aufgaben widmete.«	»Es war zum Auswachsen: Der Mann klammert sich an einen x-beliebigen Vorgang. Für alles andere ist er blind. Ein fürchterlicher Flachkopf, der nicht über den Tellerrand hinwegzugucken vermag.«
»Herr Uwe Gruhle zeigte immer Verständnis, auch wenn die Arbeitslast groß war.«	»Ein elender Penner. Es konnte noch so brennen, der tat keinen Schlag mehr.«
»Her Uwe Gruhle gab sich in höchstem Maße kollegial.«	»Dieser Saufaus belaberte ständig meine Kollegen mit Zoten und animierte sie zum Alkoholgenuß.«
»Wir haben uns in gegenseitigem Einvernehmen getrennt.«	»Wenn er nicht seine Sachen gepackt hätte, hätten wir ihn gefeuert.«
»Herr Uwe Gruhle zeichnete sich insbesondere dadurch aus, daß er ein ungewöhnlich harmonisches Verhältnis zu seinen Vorgesetzten pflegte.«	»Ein mieser Speichellecker, der wegen jeder Kleinigkeit angeschissen kommt, um seine Kollegen anzuschwärzen.«
»Herr Uwe Gruhle verhielt sich ausgesprochen loyal zu seinen Kolleginnen und Kollegen.«	»Ein Unruhestifter, der sich ständig zum Anwalt der Entrechteten berufen fühlt.«

Die Personalbosse benutzen diesen Code, um ihren Kollegen mitzuteilen, was sie von dem Bewerber halten, ohne für ihre vernichtenden Urteile arbeitsrechtlich belangt werden zu können.

Niederlagen, Blamagen, Mißgeschicke und Inkompetenz von A bis Z

Ja, mach' nur einen Plan
Sei nur ein großes Licht!
Und mach' dann noch 'nen zweiten Plan
Gehn tun sie beide nicht.

Bertolt Brecht

Freitag, den 13.

Der englische Busschaffner Bob Renphrey (32) bleibt an jedem Freitag, dem 13., konsequent im Bett. Er sei zwar nie abergläubisch gewesen, sagte er, aber die Ereignisse hätten ihn eines Besseren belehrt:

Am letzten Freitag, dem 13., fiel er durch eine Glastür, als er sich beim Gemüsehändler einige Äpfel kaufen wollte. Ins Krankenhaus eingeliefert, stürzte er auf der Treppe und brach sich das rechte Bein.

Am vorletzten schwarzen Freitag war der Motor seines Busses explodiert. Darauf fuhr er mit seinem Motorrad vom Busdepot nach Hause und stürzte schwer. Als er sich nach all den Aufregungen im Swimming-Pool erholen wollte, wäre er beinahe ertrunken.

Am Freitag, dem 13. davor, hatte ihn die Polizei wegen Geschwindigkeitsüberschreitung das erste Mal in seiner Busfahrer-Praxis erwischt.

Seine Frau erinnert sich sogar an den allerersten Freitag, den 13., den sie mit ihrem Mann während der Flitterwochen erlebte: »Da fiel ihm die Kaffeekanne aus der Hand, und beim Einfüllen machte er die Waschmaschine kaputt.«

Das städtische Busunternehmen hat ein Einsehen: Bob Renphrey darf zu Hause bleiben an jedem Freitag, dem 13. Der Tag wird ihm sogar bezahlt.

Abmagerungskur

Zu fett geworden war der Straßenreiniger Jack Cummings aus Dallas, USA. Keine Uniform paßte ihm mehr, und er hatte Mühe, seinen gewaltigen Bauch zwischen die beiden Griffe seiner Schubkarre zu zwängen, in der er den aufgesammelten Kehricht transportieren mußte.

Darauf forderte der Personalchef der Müllabfuhr Jack auf, eine Abmagerungskur zu machen. »Andernfalls«, sagte der Mann, »bist du deinen Job los.« Jack nahm sich die Sache arg zu Herzen. Er hungerte von seinen über 250 Pfund Lebendgewicht rund 90 Pfund ab.

Leider wurde er davon so krank, daß er die Mülleimer nicht mehr zu heben vermochte. Außerdem wurde seine Frau angesichts Jacks schrumpfender Figur und zunehmender Müdigkeit und Schwäche so unmutig, daß sie ihn sitzen ließ und mit einem kräftigen Zwei-Zentner-Fernfahrer auf Tour ging.

Unfreiwillige Abstinenz

Besonders clever kamen sich zwei Kunststudenten vor, die für ihren Urlaubsbedarf Whisky nach Schweden schmuggeln wollten:

Sie ließen sich 20 Konservendosen füllen, versiegeln und mit dem Etikett »Büchsenbohnen« versehen. Durch den Zoll kamen sie auch ohne Problem, nur als sie die erste Büchse öffneten, hatte sich der Whisky schwarz gefärbt. Sie trauten sich nicht, ihn zu trinken.

Zurück in Frankfurt, befragten sie einen Lebensmittelsachverständigen. Er analysierte den wieder zurückgebrachten Whisky und stellte fest, daß er absolut genießbar war.

Alkoholische Niederlage

Teuer kam die Anonymen Alkoholiker ihr Treffen in Belfast (1974) zu stehen. Für an der Bar konsumierte Getränke verlangte der Hotelmanager vom Vereinsvorstand 385 Pfund. Verursacht wurde diese peinliche Zeche durch Begleitpersonen der Mitglieder, die bei aller Sympathie für die antialkoholischen Bemühungen auf ihr Schnäpschen nicht verzichten mochten.

Niederlage für Abstinenzler

Erbitterung und Enttäuschung machte sich unter den Aktivisten einer gerade laufenden Anti-Alkohol-Kampagne breit, als sie die Geschichte des Iren Edward Foggarty vernahmen. Am Samstag, dem 27. August 1983, führte dieser nämlich seinen im Trinken erfahrenen Landsleuten vor, was ein richtiger Rausch ist. Als er aus dem Pub nach Hause wankte, war ihm der Weg zu weit. Er stieg zwecks Abkürzung über den Zaun des Flughafens in Dublin, wurde dann aber endgültig zu müde und schlief in einem Fracht-Container ein. Entdeckt wurde er, immer noch fest schiafend, auf dem Londoner Flughafen Heathrow. Der Container war in eine Maschine der irischen Fluggesellschaft Air Lingus geladen und nach London geflogen worden. Als er endlich wachgerüttelt wurde, klagte er nur über einen schweren Kopf. Ein Londoner Polizeisprecher sagte, Foggarty habe sich nichts zuschulden kommen lassen — ein Ausweis ist bei Reisen zwischen Irland und Großbritannien nicht erforderlich. Also wurde der verkaterte Ire in eine andere Maschine gesetzt und nach Dublin zurückgeflogen.

»Es ist zum Verrücktwerden«, sagte Ben Beckinridge, Sprecher der Anti-Alkohol-kampagne, »die ganze Nation lacht über diesen Säufer, und unsere Aufklärungsarbeit über die Gefahren des Alkohols wird überhaupt nicht mehr ernst genommen.«

Sorgenkind

Nicht gerade kinderlieb zeigten sich die Herren auf einer Pressekonferenz in Hamburg anläßlich der Aktion Sorgenkind. Es sollte die neue Kampagne vorgestellt werden, und dazu hatte die Presseberaterin ein echtes, gesundes Kleinkind von ca. 12 Monaten mitgebracht.

Als sie nun ihre Rede begann, gab sie das Baby weiter an den ersten Herren, in der Hoffnung, der würde sich darum kümmern. Das tat er auch nach altväterlicher Sitte: Er reichte das Baby dem nächsten weiter. Der nächste ebenso — bis alle sechs Männer durch waren. Der letzte stand auf, nahm das Baby und verließ die Bühne. Kehrte nach zwei Minuten zurück und setzte sich wieder friedlich dazu.

Er hatte das Kind an der Garderobe abgegeben.

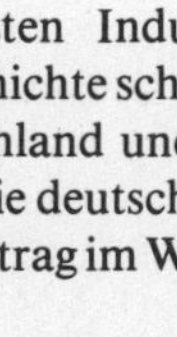

Atomare Pleite

Den gigantischsten Industrie-Vertrag der Wirtschaftsgeschichte schlossen die Bundesrepublik Deutschland und Brasilien am 27. 6. 75 in Bonn. Die deutsche Atomwirtschaft erhielt einen Auftrag im Wert von 50 Milliarden Mark. Brasilien sollte in den Kreis der Atommächte aufsteigen; die BRD wollte sich zu einem Nuklearexporteur ersten Ranges mausern. Der Vertrag sah vor:

— Die Lieferung von 8 Leichtwasser-Reaktoren;
— Suche, Abbau und Nutzung der brasilianischen Uran-Vorräte;
— Lieferung einer Fabrik zur Uranaufbereitung;
— Lieferung einer Uran-Anreicherungsanlage;
— Lieferung einer Brennelemente-Fabrik;
— Lieferung einer Wiederaufbereitungsanlage.

Aber:

— Die Amerikaner hatten etwas gegen das Geschäft, das bisher allein die Domäne der US-Nuklear-Industrie war. Die amerikanischen Banken legten den Brasilianern die wirtschaftlichen Daumenschrauben an;
— die US-Regierung setzte die Bundesregierung unter Druck;
— die deutschen AKW-Planer hatten sich bei der Standortwahl der Kernkraftwerke völlig vertan und wollten sie in absolut untaugliche Sumpfgebiete setzen.

Die Folge:

— Der brasilianische Staat ist am Rande des Bankrotts;
— der deutsch-brasilianische Atomvertrag ist zusammengebrochen;
— ein paar unbezahlte Kraftwerks-Neubau-Ruinen stehen in unwegsamen brasilianischen Sümpfen herum;
— die Amerikaner bauen mittlerweile für die Brasilianer riesige Wasserkraftwerke;
— die deutschen Unterhändler für das größenwahnsinnige Projekt — unter ihnen Hans-Dietrich Genscher — sitzen immer noch in Amt und Würden.

Merke:
Nur kleine Niederlagen werden nicht verziehen. Je gewaltiger die Niederlage, um so sicherer kannst du dich fühlen.

Die nutzloseste Neubauruine

Die nutzloseste Neubauruine Europas steht in Zwentendorf, Österreich. Es handelt sich um ein Kernkraftwerk, das mit einem Aufwand von über 3 Mrd. DM errichtet wurde, aber niemals den Betrieb aufnahm. Die kluge österreichische Regierung nämlich hatte vergessen, daß die Verfassung der Republik die Möglichkeit des Volksentscheids über derart gravierende technische Neuerungen vorsieht. Als das AKW schon so gut wie fertig war, setzten Gegner der Atomenergie eine Volksbefragung durch. Die Österreicher ließen ihre voreilige Regierung per Mehrheitsvotum wissen, Kernkraft sei unerwünscht. Dem Staat blieb nichts anderes übrig, als seine gewaltige Fehlinvestition einzumotten.

Der erfolgloseste Angelwettbewerb

Der erfolgloseste Angel-Wettbewerb fand 1972 in Kidderminster/England statt.
200 Sanitäter versammelten sich am nahegelegenen Kanal und nahmen begeistert am fünfstündigen Wettangeln teil. Es gelang keinem, irgend etwas zu fangen.
Wahrscheinlich säßen sie heute noch dort, hätte sie nicht ein Spaziergänger darauf aufmerksam gemacht, daß drei Wochen vorher alle Fische in andere Gewässer umgesetzt worden waren.

1865 schlug ein Leser der Redaktion von Scientific American vor, einen aus Metall und Adlern konstruierten Flugapparat zu entwickeln. Er fügte diese Zeichnung bei. Da es heute so gut wie keine Adler mehr gibt, dürfte das vernachlässigte Projekt seine Zukunft wohl endgültig hinter sich haben.

Die aufwendigste Arbeitsplatzbeschaffung
Die teuersten Arbeitsplätze der Welt schaffte die amerikanische Behörde EDA (Verwaltungsbüro für wirtschaftliche Entwicklung) in Oakland bei San Francisco. Es ging darum, in dieser vorwiegend schwarzen Stadt für Minderheiten neue Arbeitsmöglichkeiten zu schaffen.

Nach fünf Jahren intensiver Tätigkeit zog die EDA folgende Bilanz: Man hatte 1,8 Millionen Dollar ausgegeben. Und damit insgesamt 43 neue Arbeitsplätze geschaffen.

Der miserabelste Arbeitsschutz-Film
Ein Film der Britisch Aircraft Corporation, der für das Tragen von Schutzbrillen während der Arbeit in der Flugzeugfabrik in Preston werben sollte, erwies sich als völliger Flop. Er zeigte mögliche Verletzungen, Verbrennungen und Verstümmelungen in hyperrealistischen Großaufnahmen, die die Zuschauer dermaßen schockierten, daß sie reihenweise in Ohnmacht fielen oder von Übelsein überkommen aus dem Vorführraum stürzten. Die Firma zog daraufhin den Film zurück und zeigte im Rahmen ihrer Aufklärungskampagne nurmehr Schemazeichnungen.

Eine archäologische Pleite
Zu weit vorgewagt hatten sich im Sommer 1983 Wissenschaftler der Universität Tokio, als sie in einer Grotte auf der südjapanischen Insel Kyushu primitive Wandzeichnungen entdeckten. Die Bilder, die sie als Darstellungen von Jägern und Tieren interpretierten, wurden auf ein Alter von 13000 Jahren datiert. Nach der Veröffentlichung der vorläufigen Forschungsergebnisse, denen zu entnehmen war, daß die Besiedlung Japans nach dieser Entdeckung in ein völlig neues Licht gerückt würde, meldete sich ein 32jähriger Mann, der angab, als Kind häufig in der Grotte gespielt zu haben. Er und seine Spielkameraden hätten häufig an den Wänden herumgekritzelt. Infrarotuntersuchungen ergaben, daß die Graffiti tatsächlich nicht älter als 20 Jahre sind.

Gottlob ist der Brauch, sich nach großen Blamagen ins eigene Schwert zu stürzen, im modernen Japan nicht mehr Usus. Sonst wäre das Land Nippon um eine paar »fähige« Archäologen ärmer.

Aristotelische Irrtümer
Die größten Irrtümer des Aristoteles (384 — 322 v. Chr.) waren folgende:

— Lebewesen ohne Vorfahren würden durch Urzeugung entstehen (z. B. Maden aus faulem Fleisch, Insekten aus Schlamm).
— Schwere Gegenstände fielen schneller als leichte.
  Das Herz sei Sitz von Intelligenz (und nicht das Hirn).

Ansonsten aber hatten seine Theorien fast 1800 Jahre Gültigkeit.

Nackter Hintern

Die erfolgreichste Niederlage des Jahres 1983 konnte der 42jährige Maori Dun Te Ringa Mangu verbuchen. Er wurde von einem Gericht in Wellington (Neuseeland) zu einer Geldstrafe von umgerechnet 720 DM verurteilt, weil er vor dem britischen Thronfolger Prinz Charles und dessen Frau Diana das Baströckchen gehoben und seinen blanken Hintern präsentiert hatte.
Dun protestierte auf diese Art gegen den Besuch der englischen Krone und gegen die Kanonenbootpolitik der Thatcher-Regierung. Ein Universitätsprofessor bestätigte in seinem Gerichtsgutachten: »Das Zeigen des nackten Gesäßes gilt bei den Maoris als höchste Form der Verspottung.«
Der Maori mochte die Strafe gern zahlen, hatte ihm das Gericht doch zu weltweiter Publicity verholfen. »Jetzt haben's die Engländer wenigstens amtlich, wofür ich sie verarscht habe«, meinte er.

Der unglückseligste Schlangenmensch

Übernommen hatte sich Janos, der sensationelle Schlangenmensch, während einer Abendvorstellung des Zirkus Roberts im August 1978 in New York. Janos verknotete seine Gliedmaßen mit solch genialer Kunstfertigkeit, daß es ihm nicht mehr gelang, sie zu entwirren. Der Zirkusdirektion blieb nichts anderes übrig, als das Menschenbündel per Lieferwagen ins Hospital zu transportieren. Die Ärzte brauchten über eine Stunde, bis sie den Artistenleib entflochten und geordnet hatten. Sie schrieben Janos erst einmal krank und verordneten ihm eine Woche Bettruhe.

Die mißlungenste Aufbahrung

Zwei Tage war der Bischof von Lesbos, Nicephorus Glycas, im März 1896 schon aufgebahrt. Die Gläubigen defilierten an seinem Sarg vorbei, und mehrere Würdenträger hielten die Totenwache. Plötzlich setzte sich der Bischof auf und herrschte die Anwesenden an: »Laßt doch das Gaffen sein!« Die mit großer Sorgfalt vorbereitete Beerdigung fand nicht statt.

Das meistgeklaute Auto

Das meistgeklaute Auto in Amerika ist der Chevrolet Corvette.
Wie das Highway Loss Data Institute in Washington 1981 bekanntgab, ist die Wahrscheinlichkeit, daß ein Corvette gestohlen wird, fast zwanzigmal so groß wie bei einem Durchschnitts-Auto.

Die schlechteste Autovermietung

Die schlechteste Autovermietung der Welt wurde 1972 aus reinem Jux gegründet. Sie trug das Motto: »Miete Dir ein Autowrack.« Der Spaßvogel, David Schwarz aus Californien, erwarb mit wenig Geld einen Wagenpark von kaputten, schäbigen Autos, die eigentlich für den Schrottplatz bestimmt waren. Er freute sich auf seine ersten Kunden. Erstaunlicherweise freuten die sich auch auf ihn.
Denn die Nachfrage nach seinen entsetzlichen Autos war und ist so groß, daß er heute 26 Filialen in ganz Amerika besitzt.

»Inzwischen weiß ich, daß ich eine Marktlücke entdeckt habe«, sagt Schwarz, »denn Schrammen und Beulen spielen gar keine Rolle mehr. Wird ein Wagen später zurückgebracht, übersehen wir das auch. Und hat ein Wagen einen Unfall, drücken wir ein Auge zu.«

Das aufwendigste Auto zur unpassendsten Zeit

Das erfolgloseste Auto, den Edsel, produzierte Ford 1957. Über die Hälfte der verkauften Modelle wiesen eindrucksvolle Mängel auf: nichtschließende Türen, nicht zu öffnende Motorhauben und Kofferraumdeckel; Batterien, die ausfielen; klemmende Hupen; abfallende Radmuttern; abblätternder Lack; Keilriemen, die ausleierten; versagende Bremsen und Druckknöpfe, die man selbst zu dritt nicht hätte drücken können.
Der Edsel, einer der größten und aufwendigsten Wagen, die jemals gebaut wurden, kam zudem prompt in einer Zeit, in der die Nachfrage nach Kleinwagen stieg.
»Time Magazine« formulierte es folgendermaßen: »Ein klassischer Fall des falschen Autos für den falschen Markt zur falschen Zeit.«
Ein damaliger Verkaufsleiter erzählte, soweit er wisse, sei nur ein einziges Mal ein Edsel gestohlen worden.

Das fahruntauglichste Auto

Das sinnloseste Auto der Welt steht auf dem Friedhof von Linden im US-Staat New Jersey. Es handelt sich um einen Mercedes 240 D, Baujahr 1982. Der New Yorker Millionär David Tse hat das Gefährt seinem Bruder Ray aufs Grab stellen lassen. Es wiegt 36 Tonnen und war von drei Steinmetzen aus Vermont in 17monatiger Arbeit aus Granit gehauen worden.

Die mißlungenste Enteisung

An einem elend kalten Wintertag des Jahres 1982 versuchte der 34jährige Franz Bilchinger aus München das festgefrorene Türschloß seines Opel Ascona aufzutauen, indem er heftig ins Schlüsselloch hauchte. Bei dieser Prozedur kam er mit den Lippen an das tiefgekühlte Metall und hing augenblicklich fest. Vorübereilenden Passanten konnte er sich in seiner mißlichen Lage nicht verständlich machen. So mußte er eine gute Viertelstunde verharren, bis durch das ständige Aus- und Einatmen das Metall soweit erwärmt war, daß er sich wieder befreien konnte. »Ich kam mir saublöd vor in dieser gebückten Haltung vor all den Leuten«, sagte Bilchinger, nachdem er ambulant an seinen verkühlten Lippen behandelt worden war.

Autodieb

Im Ostseebad Grömitz stahl ein Autodieb einen roten Golf, Baujahr 1976. Schon nach wenigen Kilometern gab das Gefährt seinen Geist auf. Enttäuscht schrieb der Autoklau einen Zettel und klemmte ihn hinter den Scheibenwischer: »Scheißauto. Hat keine fünfzehn Minuten gehalten.«

Unerfindlich ist es dem Herausgeber dieses wunderbaren (!) Lexikons, warum dieses Automobil in Form eines eleganten Herrenschuhs kein durchschlagender Erfolg wurde. Es bietet zwei Personen hintereinander Platz. Die Hilfsräder in der Mitte klappen nach erfolgtem Start nach innen, und ab geht die Post. Ingenieur Samowatz aus Wien hat das Fahrzeug kurz vor dem ersten Weltkrieg entworfen und vorausschauend auch gleich eine leicht gepanzerte Militärversion entwickelt. Leider ließen das Kaiserhaus und seine ignoranten Untertanen den Samowatz auf seinem rasenden Halbschuh sitzen. Eine Niederlage, die dreifach schmerzt: 1. Den Samowatz sowieso. 2. & 3. Dich, Leser(in), und mich, den Herausgeber, weil wir beide wahnsinnig gern mit diesem geilen Gerät durch die Gegend gondeln würden. Stimmt's?!

Ein Bärendebakel
Laut und schecklich klang den Monteuren der im Bau befindlichen Erdgasleitung von Sibirien nach Westeuropa das Gebrüll eines Bären aus der Röhre entgegen. Wie die Nachrichtenagentur TASS berichtete, war der neugierige Petz in die Leitung gekrochen, ohne in ihr wenden oder umkehren zu können. Notgedrungen mußte er weiterkriechen; und das gut zehn Kilometer lang. Schließlich fand er die nächste Öffnung der Rohrleitung und kletterte wutschnaubend ans Tageslicht. Er versetzte der Leitung ein paar gewaltige Tatzenhiebe. Dann verschwand er eiligst — ob schamrot blieb ungeklärt — in einer Dickung.

Der deplacierteste Schaffner
Schwierigkeiten gab es auf der Strecke Châlons — Epernay. Gleich im ersten Abteil, das der Schaffner kontrollierte, stellte er fest, daß die Reisenden in einem falschen Zug saßen.
Im zweiten Abteil wurde ihm dann klar, daß er selbst im falschen Zug Dienst tat.

Ausdauernder Verlustbringer

Das zählebigste Pleiteunternehmen der Bundesrepublik ist die Deutsche Bundesbahn. Seit Jahrzehnten bereits fährt sie gigantische Verluste ein. Das Unternehmen hat sich so sehr an diesen Zustand gewöhnt, daß es auch für die kommenden zwei Dezennien ausschließlich Verluste in Milliardenhöhe plant.

Voreilige Investition

Eigeninitiative bewies ein Bayer Ende letzten Jahrhunderts. Der Bauer Andreas Aigner baute der niederbayerischen Gemeinde Wittibreuth einen Bahnhof.
Natürlich nicht ganz so uneigennützig — er hatte darauf spekuliert, daß die Königlich-Bayerische Staatsbahn eine Strecke von Mühldorf nach Vilshofen plane.
Dieser Plan wurde allerdings nie realisiert. Der Bahnhof steht noch heute. Er dient als Wohnhaus.

Pech mit Bankirrtum

Als Millionär fühlte sich Alfonso di Mauro (37), Kellner in einer Pizzeria in München. Auf seinem Konto, das bei seinem Gehalt von DM 1000,- meist ein Minus zeigte, standen plötzlich 20480000,- Mark. Glücklicherweise mißtraute er seinem Glück und hob nur 5000 Mark ab, die er in der Spielbank vermehren wollte.
Leider wurde daraus nichts — denn er verlor beim Roulette, und die Bank kam ihm auf die Schliche: Falschbuchung.

Er mußte alles zurückgeben. Einschließlich der DM 5000,-. Jetzt zeigt sein Konto wieder Minus.

Der schweigsame Bankräuber

Der geräusch- und erfolgloseste Bankraub spielte sich 1969 in Ohio ab. Dort reichte ein ausgesprochen unauffälliger Bankräuber einen Zettel dem Kassierer, auf dem handschriftlich geschrieben stand: »Dies ist ein Überfall — ich besitze eine Waffe!« Der Kassierer las — und dann entriß ihm der Bankräuber wieder das Papier, um noch einen Satz draufzuschreiben: »Stecken Sie das Geld in eine Papiertüte!«
Erneut bekam der Kassierer das Papier hingehalten. Er las es, nahm einen Kugelschreiber und setzte unter des Bankräubers letzten Satz: »Ich habe keine Papiertüte.« Dann gab er den Zettel zurück. Worauf der schweigsame Bankräuber die Flucht ergriff.

Verpennte Bankbeamte

Überrascht war ein Münchner Bankkassierer, als er genau eine Woche nach einem Raubüberfall dem Bankräuber erneut gegenüberstand. Es war eindeutig derselbe Mann, maskiert und bewaffnet, mit Turnschuhen an — wie eine Woche zuvor.
Diesmal erbeutete der Räuber 20000 Mark — und entkam. Gefilmt wurde er nicht. Die verpennten Bankbeamten waren nach dem letzten Überfall noch nicht dazu gekommen, einen neuen Film einzulegen.

Bankraub

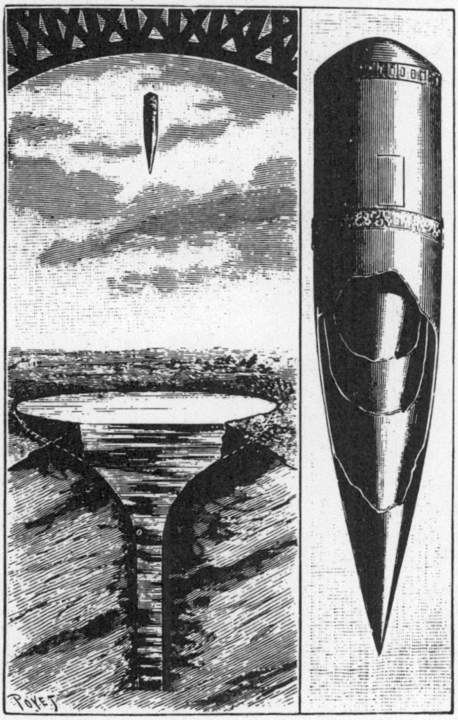

Ingenieur Cavron wollte mit dieser Erfindung Furore machen: Es handelt sich um eine mehrfach gefederte Personen-Beförderungs-Bombe, die den Abstieg von hohen Gebäuden wesentlich abkürzen und launiger gestalten sollte. 15 Personen sollten im gemütlichen Bombeninnern Platz haben. Der luxuriöse Fall sollte in einem Sektkelch-artigen Landetümpel enden. — Die Leute um die Jahrhundertwende konnten sich zwar dafür begeistern, daß andere — vorzugsweise Intimfeinde — das Fallobjekt besteigen würden; selbst aber wollte niemand an einer Freifahrt teilnehmen. So wurde die Erfindung wegen Nachfragemangels nie realisiert.

Die blödesten Bankräuber

Mitte August 1975 wollten drei Männer in Rothesay, Schottland, die Königliche Bank ausrauben. Auf dem Weg in die Schalterhalle blieben die Räuber allerdings in der Drehtür stecken, so daß hilfreiche Bedienstete der Bank sie befreien mußten. Die drei stammelten verwirrt ein Dankeschön und verließen blöd das Bankgebäude.

Wenig später drangen sie erneut — diesmal erfolgreich — zum Kassenschalter vor und forderten vom Kassierer die Herausgabe von 5000 £. Aber keiner der Bediensteten nahm die Burschen ernst. Der Kassierer konnte sich kaum einkriegen vor Lachen, so komisch wirkten die drei Figuren auf ihn. Diese Reaktion verunsicherte die Bande so sehr, daß ihr Anführer die Forderung erst auf 500

£ und dann gar auf 50 £ senkte. Jetzt brüllte die gesamte Belegschaft vor Vergnügen. Soviel Mißachtung seiner kriminellen Absicht veranlaßte einen der Räuber zu einem beherzten, aber ungeschickten Sprung über den Tresen. Bei der Landung rutschte er aus und landete mit viel Spektakel auf dem Hosenboden. Durch dieses neuerliche Unglück enerviert, traten die beiden anderen Männer die Flucht an. Sie kamen aber nicht weit, weil sie in ihrer Verwirrung in der falschen Richtung durch die Drehtür stürmen wollten und erneut stecken blieben.

Beerdigungskosten

Ein junger Mann aus Köln, der nach einem schweren Verkehrsunfall mit seinem gleichaltrigen Mitfahrer verwechselt worden war, mußte die Kosten für »seine« Beerdigung selbst bezahlen. Mehrere Tage lang hatte er als tot gegolten und war augenscheinlich bestattet worden.

Zu der Verwechslung war es unmittelbar nach dem Unfall gekommen. Beide Autoinsassen sahen ausgesprochen übel aus. In diesem Zustand wurden sie falsch identifiziert und der Fahrer mit dem tödlich verletzten Mitfahrer verwechselt. Da es sich bei ihm um einen mittellosen Tramper ohne Angehörige handelte, blieb der junge, dem Tode entronnene Mann auf seinen Beerdigungskosten »sitzen«.

Einen Prozeß gegen die Behörden, die das (von den seinerzeit trauernden Eltern) gezahlte Geld nicht freiwillig herausgeben wollen, wird der junge Mann nicht anstrengen. »Den Streß halte ich nicht aus«, meinte er.

Der undankbarste Rolli

Im Jahr der Behinderten, 1981, gaben sich die Angestellten einer Großtankstelle in New York besondere Mühe.

Bis im September 1981 ein Rollstuhlfahrer in die Kassenzone rollte, zwei Angestellte mit der Schußwaffe bedrohte und den Kasseninhalt an sich nahm. Der verwegene Rolli zwang die beiden, ihn schnellstmöglich wieder auf die Straße zu schieben und verschwand in der Dunkelheit.

Die sinnlosesten Strafmandate

Eine Statistik der diplomatischen Verkehrsübertretungen stellen Jahr für Jahr die Bonner Behörden auf.

1980 blieben nur drei Botschaften ohne Tickets: Island, Honduras und der Vatikan. Den Rekord — mit mehr als zwei Geschwindigkeitsübertretungen pro Botschaftsangehörigen — schafften die Liberianer. Meister im Falschparken wurden die Mexikaner.

Die Behörden werden allerdings mit ihrer Statistik gar nicht froh: Durch ihren Diplomaten-Status braucht kein Botschaftsangehöriger ein Strafmandat zu bezahlen. Wieviel Geld dadurch dem Bonner Stadtsäckel verlorengeht — darüber schweigt die Statistik.

Metusalemische Strafe

Eine Langzeit-Niederlage erlebte der 48jährige Polizist Thai Tun Li in Bangkok, der es immerhin 17 Jahre lang ununterbrochen geschafft hatte, Ausländern gefälschte Einreisepapiere gegen gutes Geld zu verkaufen.

Seine lange, sorgfältig ausgeübte Tätigkeit wurde vom Gericht dementsprechend belohnt: Er wurde zu insgesamt 1001 Jahren Haft im Staatsgefängnis verurteilt.

Niederlage der Sieger

Dem wirtschaftlichen Wiederaufbau der Insel sollte eine mit nationalen und privaten Mitteln finanzierte Brauerei dienen, die nach der »glorreichen Rückeroberung der Falkland-Inseln durch britische Truppen« in der Hauptstadt Stanley gegründet worden war. Der patriotische Geist der Inselbewohner wie auch der Schutztruppe ließ jedoch so sehr zu wünschen übrig, daß das gute englische Penguin Ale sauer wurde und — wie Manager Philip Middleton klagte — fässerweise weggeschüttet werden mußte. Die Kneipiers der Insel ließen die Bierbrauer wissen, britisches Bier sei ganz und gar unpopulär, die Getränke aus dem nahen Feindesland Argentinien seien wesentlich beliebter. Auch die Militärverwaltung machte keine Anstalten, Penguin Ale in ihren Soldatenclubs auszuschenken. Die gute Moral der britischen Truppe schien ihr wichtiger als das Wohl britischen Bieres. Die Bierstrategen gaben sich daraufhin geschlagen und traten den Rückzug an.

Die miserabelste Halbbildung

Daß amerikanische Firmenbosse keine Koryphäen in Sachen Kultur sind, nimmt man im alten Europa gern schmunzelnd zur Kenntnis. Unerreichte Spitze bleibt jedoch Joseph Connally, Marketing-Chef der Kenton Electronic, Mass.:

Während einer Stadtbesichtigung ließ er sich vor dem Frankfurter Goethehaus selbstbewußt vernehmen: »Oh yes, we know Goethe very well in the United Staates, but we call him Schiller. He is the man who composed this wonderful Kleine Nachtmusik.« Dabei begann er, »Muß i denn zum Städele hinaus« zu pfeifen.

Bombe entschärft

Erhebliche Verkehrsstörungen löste ein Bombenalarm in Hanau aus. Der Katastrophenschutz räumte mehrere Häuser, und ein Spezialist des Landeskriminalamtes rückte dem vor der örtlichen CDU-Zentrale deponierten Sprengkörper mit einem Wassergewehr zuleibe.

Die Bombe löste sich in braune Brühe auf. Übrig blieb ein Wecker, den unbekannte »Terroristen« mit Exkrementen ummantelt hatten. Die ebenfalls alarmierte Feuerwehr sprach von einem »Scheißspiel«.

Ermüdendes Unentschieden

Zum ermüdendsten »Unentschieden« im Boxsport kam es im April 1893 in New Orleans. Über 110 Runden lang — genau sieben

Stunden und 19 Minuten — bekämpften sich Jack Burke und Andy Bowen. Drei Schiedsrichter mußten wegen Übermüdung ausgewechselt werden, bis endlich der vierte zu einem Urteil fand: unentschieden.
Kein Wunder, denn beide Boxer lagen halb bewußtlos in ihren Ecken.

Der kürzeste Boxkampf

Der kürzeste Boxkampf, der je stattgefunden hat, dürfte zwischen Raphael Walton und Al Couture am 29. September 1946 gewesen sein.
Al Couture siegte innerhalb zehneinhalb Sekunden durch technischen K. o. — einschließlich der zehn Sekunden, die der Ringrichter zum Auszählen von Mr. Walton benötigte.

Nackte Niederlage

Eine nackte Niederlage erlitt am 14. April 1981 in Chicago der Boxkämpfer Ed Smith. Offensichtlich war Smith vor dem Kampf zu nervös.
Denn als er unter dem Jubel seiner Fans in den Ring stieg und seinen Mantel ablegte, tönte ein bewunderndes »Ohh« durch die Zuschauerreihen: Smith hatte vergessen, seine Boxhosen anzuziehen. Sein Trainer rannte in die Kabine und holte das gute Stück. Aber trotz des Applauses für diese Show-Darstellung konnte Ed Smith nicht gewinnen: Er ging auf die Bretter und wurde in der dritten Runde ausgezählt.

Die orientierungsloseste Brieftaube

Die orientierungsloseste Brieftaube wurde im Juni 1953 in Pembrokeshire freigelassen und noch am gleichen Abend in ihrem Schlag erwartet.
Elf Jahre später wurde das tote Tier per Post in einer Papierschachtel aus Brasilien zurückgeschickt. »Wir hatten sie längst aufgegeben«, meinte ihr Besitzer überrascht.

Der erfolgloseste Tauben-Wettflug

1978 wurden 6745 Tauben in Preston, Lancashire, freigelassen.
5545 davon wurden niemals mehr gesehen.
Zwei Verlust-Theorien entstanden: Entweder seien exakt 5545 Tauben während der Jagd im Schottischen Hochmoor abgeschossen worden — oder sie hätten es einfach woanders schöner gefunden.

Bürger-Niederlage

Besonders volksnah ist die schwedische Bürokratie. Sie beabsichtigte, für die Bürger des Landes ein besonderes »Wörterbuch der Beamtensprache« herauszubringen. Über 50000 Begriffe sollen dort erläutert werden, um in Zukunft die Formulare verständlich zu machen.
Auf die naheliegende Idee, die 50000 Beamten-Begriffe zu ändern, ist man dagegen noch nicht gekommen.

Die kleinkariertesten Rechnungsprüfer

Der Bundesrechnungshof arbeite selbst uneffektiv, stellte 1981 ein Jurist der Freien Universität Berlin fest.

Anstatt teure Wirtschaftsförderungsprogramme auf ihre Wirkung hin zu untersuchen, konzentriere man sich zu sehr auf Kleinigkeiten wie den Hubraum von Dienstwagen oder den Verbrauch von Papierservietten.

EDV-Niederlage

Den Segen des Computers kennt man, nachdem in Frankfurt 1980 dreimal hintereinander im selben Jahr eine Wohnstraße aufgerissen und wieder zugeschüttet wurde. Ein Zuständiger des Planungsausschusses antwortete auf Anfrage:

Das Programmieren des Computers zur Koordination der einzelnen Bauvorhaben (Gas, Wasser Telefon) sei so kompliziert und teuer, daß es einfacher und preiswerter ist, eine Straße mehrmals aufzureißen.

Wenig sprachbegabt

»Sehr mangelhaft« bewertete die Stiftung Warentest im Herbst 1981 elektronische Sprachcomputer. Keines der getesteten Geräte hielt den strengen Anforderungen der Prüfer stand.

Eine der charmantesten Übersetzungen von »Ich weiß es nicht« gelang einem der Computer mit »I white it not«.

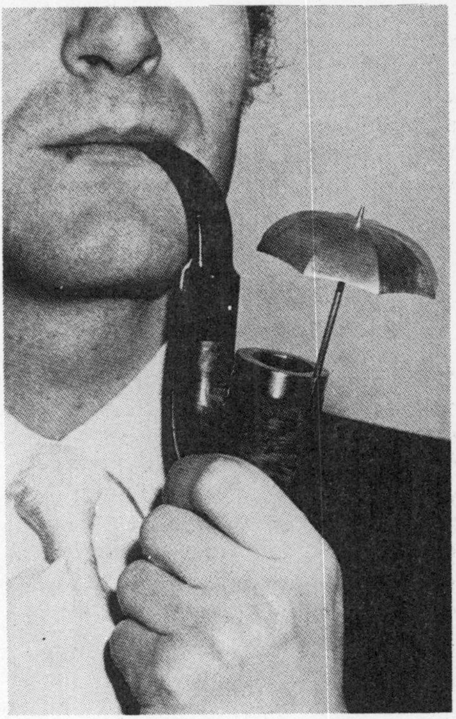

Diese Erfindung kann ja nur aus dem ewig regnerischen England stammen. Aber selbst dort rauchen die Herren ihre Pfeife lieber zu Hause oder im Pub anstatt draußen bei Sauwetter. Der Produzent des Pfeifenschirms, dessen Namen wir nachsichtig verschweigen wollen, blieb allein im Regen stehen bzw. auf seinen Schirmchen sitzen.

Der Computer zahlte und zahlte

Anton W. (32) aus Köln hatte einen neuen Job gefunden. Erfreut meldete er sich beim Arbeitsamt ab. Das Arbeitslosengeld aber

floß weiter. Daraufhin ging er persönlich zum Arbeitsamt und bat nachdrücklich darum, dem Auszahlungscomputer Einhalt zu gebieten. Der aber spuckte weiter Geld auf das Konto von Anton W.
Weil er seinen neuen Chef nicht durch wiederholte Behördengänge verärgern wollte, schickte W. nun seinen Vater ins Dickicht der Behörde mit dem Begehr, den Geldsegen endlich zu stoppen. Umsonst, der Computer druckte starrsinnig weiter Zahlungsanweisungen aus. Schließlich hatte W. den Zirkus mit dem Arbeitsamt so satt, daß er kurzerhand das Geld von der Bank abhob und es bis zur letzten Mark »auf'n Kopp haute«.
Just zu diesem Zeitpunkt stellte die Bundesversicherungsanstalt fest, daß W. doppelt versichert wurde: vom Arbeitgeber und vom Arbeitsamt. Die eine Behörde informierte die andere. Und die strengte einen Prozeß wegen »Erschleichung von Arbeitslosenunterstützung« an. W. wurde unter Aktenzeichen 532 Ds 122/83 zu einer milden Geldstrafe von 600 DM verurteilt.
Der Sieg der unbelehrbaren Arbeitsbehörde erwies sich allerdings als Pyrrhussieg. Denn bei soviel Ignoranz gegenüber einem unbescholtenen Bürger wollte selbst der Staatsanwalt nicht mitmachen. In ungewöhnlicher Allianz mit dem Verteidiger legte er Berufung ein und forderte Freispruch für W.

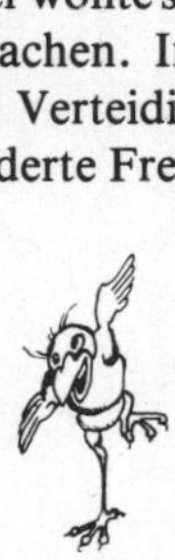

Mund nicht gehalten
Die schnellste Niederlage eines Computers erreichte 1978 der Computer-Berater Stanley Mark (34) aus den USA. Er besorgte sich — ganz legal — die Codezahl einer amerikanischen Großbank und ließ per Telefonanruf 10,2 Millionen Dollar auf sein Konto überweisen. Die Bank hätte niemals diesen Verlust bemerkt. Aber Mark verriet sich selbst: aus Freude über die Transaktion prahlte er in seiner Stammkneipe — gleich neben der Zentrale der Großbank.

Die größte Peinlichkeit für »dieses unser Land«
Von Kohl bis Brandt, vom Lambsdorff bis Strauß entrüstete sich in »diesem Land« alles was dummschwätzt und Politik macht, über die gewalttätige Demonstration gegen die USA anläßlich des Besuchs von Außenminister Bush am 26. Juni 1983 in Krefeld. Innenminister Zimmermann nahm die Demo zum Anlaß, Pläne zur Verschärfung des Demonstrationsrechts anzukündigen.
Wie grenzenlos war die Peinlichkeit, als Anfang September des gleichen Jahres bekannt wurde, daß einer der militantesten Gewalttäter ein von »diesem unserem Lande« finanzierter V-Mann des Verfassungsschutzes war. Es fragt sich nun, ob die deutschen Bürger nach dieser Erfahrung blöd genug sind, sich von jenen Leuten ihr Grundrecht auf Demonstration einschränken zu lassen, die selber Gewalttäter engagieren, um den blutigen Vorwand für die Notwendigkeit einer solchen Gesetzesänderung zu produzieren. (Zuzutrauen wär' das uns Deutschen. Gegebenenfalls wird der Herausgeber dieses wunderbaren (!) Lexikons über eine diesbezügliche Niederlage in der nächsten Auflage daherschwadronieren.)

Die erfolgloseste Denkmalsenthüllung

Die erfolgloseste Denkmalsenthüllung erlaubte sich 1978 der englische Premierminister. Seine Aufgabe war, eine Holztafel in den neuen Räumen der anglo-österreichischen Gesellschaft zu enthüllen. Alle Fotografen waren um ihn versammelt, er trat vor und wollte der Presse helfen, indem er sagte: »Ich zähle jetzt bis 5, dann ziehe ich.«

Er zählte korrekt, und bei 5 leuchteten alle Blitzgeräte auf — während der Premierminister mit Schwung die Holztafel von der Wand riß.

Der schmerzlichste Verlust

Die einzige nennenswerte Attraktion des 28-Seelen-Ortes Harmony in Kalifornien stand bis wenige Tage vor der 57. Wiederkehr des Todestages von Rudolph Valentino in einem blumengeschmückten Vorgarten. Dort erzählte eine Schrifttafel:

»In den frühen 1900er, in der Begleitung von W. R. Hearst und Pola Negri, verspürte Rudolph Valentino ein natürliches Bedürfnis. Guilda Williams, die hier lebte, war so freundlich, ihm den Gebrauch ihres Badezimmers zu gestatten. Beim Umbau des Hauses wurde der Topf hier aufgestellt.«

Eines Morgens war die Sehenswürdigkeit weg. Gestohlen. In den folgenden Wochen wurden von der Polizei und mitfühlenden US-Bürgern immer wieder herrenlose Töpfe nach Harmony geschafft. Aber es waren stets die falschen. Harmony, das ist so gut wie sicher, wird nach dieser Katastrophe in die absolute Bedeutungslosigkeit zurücksinken.

Das verlorenste Kloster

Das verlorenste Kloster lagert — in seine Einzelteile aufgelöst — im Golden Gate Park von San Francisco.

Es handelt sich um Teile des Klosters Santa Maria de Ovila aus dem 12. Jahrhundert. Dieses Kloster, das bis 1931 nördlich von Madrid stand, wurde damals von William Randolph Hearst für eine Million Dollar gekauft und nach Kalifornien verschifft.

Offizielle Stellen besagen, daß die Depression und der Zweite Weltkrieg einen Wiederaufbau vereitelten. Die Wächter des Golden Gate Parkes dagegen verraten die Wahrheit: Als die zwölf Schiffsladungen voller Steine ankamen, hatte man den Aufbauplan vergessen. Seit dieser Zeit benutzen die Anwohner die Klostersteine zur Verschönerung ihrer Vorgärten.

Das gestohlene Stahlwerk

Der ganze Stolz der Behörden war seit mehr als zwei Jahrzehnten Hengshui, ein Stahlwerk südlich von Peking. Dann wurde angeordnet, das Werk stillzulegen.

Als man nach einem Dreivierteljahr das Stahlwerk wieder eröffnen wollte, war es verschwunden. Hunderte von Dieben hatten in mühsamer Nachtarbeit die zwei Hochöfen auseinandergeschweißt, alle Rohre ausgegraben und sogar 30 Häuser, die auf dem Gelände standen, Stein für Stein abgetragen.

Trotz einer größeren Untersuchungsaktion war es weder möglich die Diebe zu finden noch den Verantwortlichen, der die Stillegung des Stahlwerkes veranlaßt hatte.

Dieser Drachen sollte Schiffe hinter sich herziehen. Drei Ballons hielten ihn in konstanter Höhe. — Schön, sich vorzustellen, wie sich an Hafeneinfahrten und auf vielbefahrenen Schiffahrtswegen die Seile und Drachen verheddern. Leider kam es nie dazu, weil keiner die Erfindung von Mister David Thayer (1890) finanzieren wollte.

Der glückloseste Dieb

Einen hohen finanziellen Verlust mußte der Supermarkt-Dieb Klaus (23) hinnehmen. Dabei hatte er sich alles so genau überlegt: Er wollte die Aufmerksamkeit der Kassiererin ablenken und dann in die Kasse greifen. Er ging also frühmorgens, weil es da noch leer war, mit dem gefüllten Einkaufskorb an die Kasse und legte einen 500-Mark-Schein vor. Er hoffte, sie würde jetzt die Kasse lange genug offenhalten, daß er sich alles Geld herausnehmen konnte.

Die Kassiererin nahm den 500-Mark-Schein, öffnete die Kasse — in der sich allerdings nur 163,50 DM befanden.

Der Dieb schnappte sich das Geld und flüchtete.

Entsetzt war eigentlich nur die Kassiererin, bis der Geschäftsführer sie beruhigte und sie zu den Mehreinnahmen von DM 336,50 beglückwünschte.

Die erfolgloseste Überwachungskamera

Die erfolgloseste Überwachungskamera wurde — nach mehreren Kameradendiebstählen — in den Umkleideräumen eines Sportclubs in Nordhessen installiert.

Dieser Sportclub wurde auch von den Angehörigen der Bereitschaftspolizei benutzt.

Deshalb erkannten die Beamten, als sie sich später den Film ansahen, einen ihrer Kollegen, der splitternackt herumlief und seine Kleider suchte. Sie waren ihm gestohlen worden.

Diebstahl

Die erfolgloseste Verkleidung

Die erfolgloseste Verkleidung gelang 1933 einem Einbrecher, der in Paris versuchte, bei einem Antiquitätenhändler einzusteigen. Als Überraschungseffekt hatte er sich in eine Ritterrüstung gezwängt. Kaum war er aber ins Haus eingestiegen, wurde der Besitzer durch den Metall-Lärm geweckt. Überrascht sah er, wie sich eine Ritterrüstung die Treppe hochquälte. Mit einem Leuchter aus dem 16. Jahrhundert schlug er auf die Rüstung ein, der Einbrecher verlor das Gleichgewicht und polterte die Treppe hinunter.

Unten angekommen, stellte der Antiquitätenhändler einen schweren Eichentisch aus dem 17. Jahrhundert auf den liegenden Ritter und verständigte die Polizei. Die konnte den Einbrecher nur durch intensive Schlosserarbeit aus der Rüstung befreien: Beim Sturz von der Treppe hatte sich der Brustharnisch verbogen und ihn ausweglos eingeklemmt.

Die erfolgloseste Warnung

Die erfolgloseste Warnung erhielt der Besitzer eines der größten und sichersten Schmuckgeschäfte in Paris am 18. 3. 1981. Am Telefon meldete sich ein Kommissar Barianni von der Anti-Gangster-Brigade mit den Worten, daß in wenigen Minuten das Geschäft von zwei maskierten Gangstern überfallen werde. Er warnte den Besitzer, selbst etwas zu unternehmen — die Gangster seien bewaffnet. Man werde aber vor dem Geschäft warten, um die beiden nach dem Raub festzunehmen.

Fünf Minuten später geschah der Überfall. Der Geschäftsinhaber benahm sich sehr gelassen. Er drückte noch nicht einmal den

Alarmknopf. Nachdem die beiden insgesamt Wertgegenstände für rund 1,5 Millionen Mark eingesteckt hatten, verließen sie das Geschäft, schwangen sich auf Motorräder, die bald im dichten Stadtverkehr verschwunden waren.
Kurze Zeit später fragte der Juwelier bei der Polizei nach, ob die Festnahme geklappt hätte. Aber dort schüttelten die Beamten nur den Kopf: Von einem Kommissar mit Namen Barianni der Anti-Gangster-Brigade hatten sie noch nie gehört.

Der dümmste Camping-Dieb

Der dümmste Camping-Dieb war ein gewisser Fitzgerald F., der seine Ferien auf dem Campingplatz von San Diego (Kalifornien) verbrachte.
Lange schon hatte er ein Auge auf die Wertsachen im Nachbar-Wohnwagen geworfen. Eines Tages dann fühlte er sich sicher — die Nachbarn waren fortgefahren. Er brach ein, raubte Fotoapparate, Schmuck, Sportgeräte und ein Angelset.
Als die Familie Sanders, der der Wohnwagen gehörte, zurückkam, kam sie auch schnell dem Dieb auf die Spur: Der Angelhaken hatte sich in der Tür verklemmt und die Angelleine sich abgespult.
Man brauchte also nur noch der Leine zu folgen. Man folgte der Schnur und begegnete prompt Fitzgerald, der sie — als ordentlicher Mensch — gerade wieder neu auf die geklaute Angelrolle aufspulen wollte.

Mohnklöße

Was rechte Schlesier sind, denen ist ein Weihnachtsfest ohne Mohnklöße kein Weihnachtsfest. Drum erzeugte man in der schlesischen Heimat Mohn im Hausgarten wie andernorts Möhren oder Blumenkohl. — Eine schöne Tradition des deutschen Ostens!
Diesen Brauch mochte ein heimatvertriebenes, ins Hessische verschlagene Ehepaar nicht missen. In jedem Frühjahr erwarb man im Gartencenter Samen, baute Mohn im Kleingarten, buk Mohnstritzel und kochte Klöße zum Christfest. Alljährlich besuchte man das Schlesiertreffen und freute sich, daß dort führende Politiker und Würdenträger die Pflege landsmannschaftlicher Besonderheiten belobigten. Man lebte geruhsam in geordneten Verhältnissen.
Das änderte sich schlagartig, als an einem Juli-Morgen des Jahres 1983 das Einsatzkommando des Rauschgiftkommissariats ins traute Gärtchen einbrach, die Mohnpflanzen niedermachte und das geschockte Ehepaar zum Präsidium expedierte.
Es half kein Lamento, denn auf beider Beet wuchs zweifelsfrei die Mohnsorte Somniferum, aus deren Kapsel die Milch zur Heroinherstellung gepreßt wird. Den Samen, so mußten die Eheleute erfahren, darf jedermann ungehindert kaufen und verkaufen; der Anbau der Pflanze aber ist strafbar.
Welch schwarzer Tag für die Schlesier: keine Mohnklöße zu Weihnachten, Scherereien mit der Rauschgiftbehörde, hämisches Getuschel im Kleingartenverein, Unterminierung schlesischer Traditionen...

Der unmoralischste Druckfehler

Den unmoralischsten Druckfehler leisteten sich die beiden Buchdrucker Robert Barker und Martin Lucas in London im Jahre 1631. Sie hatten den Auftrag, eine Bibelausgabe zu drucken. Das ging auch so lange gut, bis sie an das siebte Gebot kamen: »Du sollst nicht ehebrechen.«

Offensichtlich hatte der Druckfehlerteufel seine Hand im Spiel, denn die beiden Drucker vergaßen das »Nicht«.

Die kürzeste Ehe

Jerzy und Kathryn Sluckin heirateten im November 1975 auf dem Standesamt in Kensington. Knapp eine Stunde nach der Hochzeit überraschte Kathryn ihren Ehemann und alle Verwandten mit ihrer Ankündigung: »Es wird nicht gutgehen.« Dann verschwand sie.

Jerzy erfuhr später, daß Kathryn in Finchley in einer Kommune der Divine Light Meditation lebte.

»Ich hatte schon vor der Hochzeit meine Zweifel«, gab sie später zu, »aber ich wollte nichts sagen.«

Die allerkürzeste Ehe

Getraut wurden die Eheleute Jack und Dorothee B. am 2. November 1968 um 10.30 Uhr.

Gegen 11.10 Uhr kam es bei der Hochzeitstafel — anläßlich der Frage, wo man wohl die Flitterwochen verbringen wollte — zum Streit. Um 11.21 Uhr ohrfeigte der frischgetraute Ehemann seine frischgetraute Ehefrau, verließ die Hochzeitsfeier und wurde seit der Zeit nie mehr gesehen.

Auf Antrag von Dorothee wurde die Ehe noch am gleichen Tag geschieden. Sie hatte exakt 51 Minuten gehalten.

Der treuloseste Ehemann

Der untreueste Ehemann, den wir kennen, war Friedrich Augustus, Kurfürst von Sachsen und später König von Polen.

Bei seinem Tod im Jahre 1699 konnte man seinen Privataufzeichnungen entnehmen, daß nur ein einziges seiner Kinder ehelich geboren wurde. Es hieß Maurice.

Daneben war er allerdings auch für 345 uneheliche Kinder verantwortlich.

Der triftigste Verkaufsgrund

»Schaffe, schaffe, Häusle baue — Füß nausstrecke und verrecke« — diese schwäbische Lebensweisheit läßt sich nicht mehr länger aufrechterhalten.

Denn nach den Erfahrungen eines der größten Maklerbüros in Wiesbaden stellt sich immer mehr ein einziger Grund als Auslöser zum Verkauf des liebgewonnenen Eigenheimes heraus: der Ehekrach.

Er hat die klassischen Verkaufsgründe wie

Tod, Erbschaftsauseinandersetzungen, berufliche Veränderungen und Zahlungsunfähigkeit in den Hintergrund gedrängt.
Eines allerdings kann die Statistik nicht herausbekommen: ob der Hauskauf und die damit verbundenen Geldsorgen der Grund zum Ehekrach waren — oder ob der Ehekrach zuerst kam.
Kein Wunder, daß Makler auf Eheberater, die eine Beziehung kitten wollen, nicht sehr freundlich zu sprechen sind.

Leben in Bescheidenheit

Nach kalifornischem Recht hätte Patti Lewis, Ehefrau von Jerry Lewis, berechtigte Hoffnungen gehabt, mit ihren Unterhaltsforderungen beim Scheidungsrichter durchzukommen: Sie forderte pro Jahr umgerechnet 900 000 Mark.
Aber Jerry ging zum Konkursgericht und beantragte ein Verfahren gegen sich selbst. Von seinem Einkommen von zwei Millionen im Jahr blieben ihm — nach Abzug der Steuern — 1,2 Mio. Mark. Er habe Verbindlichkeiten von 600 000 Mark und müsse im übrigen auch noch leben.
Das Gericht gab seinem persönlichen Konkurs statt.
Und Patti mußte sich mit — bedauerlicherweise nur — 18 000 Mark im Monat begnügen.

Die chaotischste Trauung

Die chaotischsten, kirchlichen Hochzeitsfeierlichkeiten fanden 1973 in England statt. Gleich zu Beginn der Zeremonien wurde der Pfarrer krank, und es mußte schnell ein Ersatzpfarrer gesucht werden.
Als er dann endlich kam, wurde die Braut ohnmächtig — prompt bei dem Versuch ihres zukünftigen Ehemannes, ihr den Ehering überzustreifen. Während die Trauzeugen sie in die Sakristei brachten, erklang der Kirchenchor mit fröhlichem »Jesus, Freude der Menschheit«.
Die Braut kam wieder zu sich, und die Zeremonie wurde glücklich beendet. Daraufhin schritt das frischgebackene Paar zum Auto — das sich als Lkw einer Betonfabrik herausstellte.
Der neue Ehemann erklärte gerne, warum das so sei: Das Hotel ihrer Flitterwochen sei abgebrannt, und da hätten sie sich entschlossen, statt der Flitterwochen doch einen Swimming-pool zu bauen. Und damit gleich zu beginnen.

Gib's zu Leser(in)! Diese vitalisierende Fahrrad-Dusche möchtest Du besitzen. Du ertüchtigst Dich, hast angenehme Gefühle an den richtigen Stellen, bedienst die Kreiselpumpe (schnelles Treten = harter Strahl, langsames Treten = sanftes Geriesel) und kannst, wenn Du willst, auch noch einen Durchlauferhitzer zwischenschalten. Nichts hindert Dich daran, Dir die Dusche lizenzfrei zu konstruieren. Das Patent aus dem Jahre 1897 ist nämlich längst erloschen.

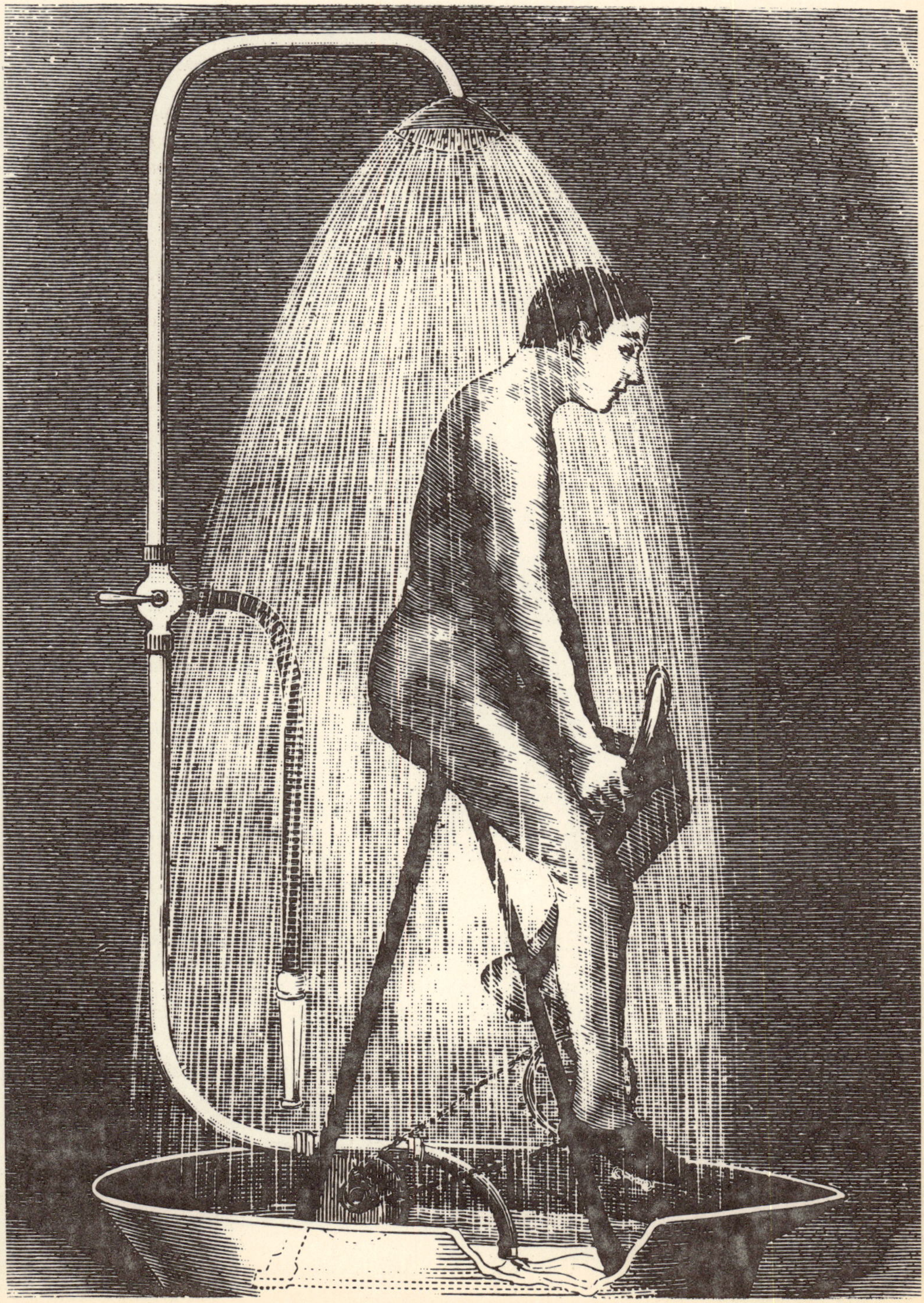

Fehleinschätzung

Ein Ehekrach, in dessen Verlauf der Mann offenbar die Eigenschaften seiner Frau falsch eingeschätzt hatte, nahm in Italien einen schlimmen Verlauf. In der Nähe von Rom drückte ein 37 Jahre alter Mann seiner Frau, als beide sich heftig stritten, seine Pistole in die Hand und sagte: »Jetzt bist du die Stärkere, mal sehen, was du damit machst.« Der Mann mußte lebensgefährlich verletzt ins Krankenhaus. Die Frau sitzt wegen versuchten Mordes im Gefängnis.

Der dümmste Fernsehauftritt

Als idealer Ehemann wurde Mr. Edgar Hunter bei einer Fernsehveranstaltung in Phoenix (Arizona) ermittelt.
Am nächsten Tag holte ihn die Polizei.
Seine erste Frau, die in San Francisco lebt, hatte ihn wiedererkannt und Anzeige wegen Bigamie erstattet.

Miserable Ehemänner

16mal geschieden war schon im 48. Lebensjahr Mrs. Beverly Nina Avery, ein ehemaliges Barmädchen aus Los Angeles. Reporter hatten sich versammelt und fragten sie nach dem Grund der häufigen Scheidungen.
»Die Männer sind ja so brutal — fast alle haben mich geschlagen«, schluchzte Beverly. »Und das nur, weil ich nicht immer treu war...«

Tödlicher Seitensprung

Das erste Mal in ihrem Leben betrog die 29jährige Lehrerin Giovanna P. ihren Ehegatten.
Und zwar mit ihrem 51jährigen Schuldirektor. Es geschah spätnachmittags — die Schule hatte längst geschlossen — im Vorraum der Turnhalle. Für den 51jährigen Schuldirektor war das Abenteuer wohl zu aufregend, denn ein Herzschlag beendete abrupt den Vorgang. Die Lehrerin, starr vor Schreck, wagte sich nicht zu rühren.
14 Stunden lang lag sie so unter ihrem toten Liebhaber. Bis sie am nächsten Morgen vom Hausmeister erlöst wurde.
Der betrogene Ehemann der Lehrerin nahm — nach anfänglichem Zorn — den Betrug seiner Gattin gelassen: »Es wird ihr eine Lehre sein. Mit älteren Herren wird sie mich nie mehr betrügen...«

Familiäre Niederlagen

Gemeinhin gilt es ja immer noch als Makel, »unehelich« geboren zu werden. Wie gut es aber mitunter tut, nicht in familiären Klüngel hineingeboren zu werden, das zeigen die Persönlichkeiten hier, die das Glück hatten, nicht in einer Familie aufzuwachsen, sondern unehelich zu sein. (Da konnten sie erst ihr Talent richtig entwickeln...)

— Edward Albee, amerikanischer Dramatiker
— Giovanni Boccaccio, italienischer Dichter
— Willy Brandt, Politiker
— Wilhelm der Eroberer, König von England
— Maurice Utrillo, franz. Maler

— Juan Perón, argentinischer Diktator
— Franzisco Pizarro, span. Eroberer
— Sophia Loren, Schauspielerin
— Jack London, amerikanischer Schriftsteller
— Leonardo da Vinci, Maler
— Erasmus von Rotterdam, niederl. Gelehrter
— Alice Schwarzer, Journalistin

Der ängstlichste Bräutigam

Vor dem Standesamt in Düsseldorf-Erkrath wartete ein junges Paar: die 19jährige Dagmar B. und der 23jährige Giuseppe.
Plötzlich hielt ein weißer Opel Rekord. Eine Frau sprang heraus und zerrte Giuseppe ins Auto, das davonbrauste.
Die versetzte Braut mit ihren Trauzeugen ging zur Polizei und meldete die Entführung. Man fand den Bräutigam zu Hause: weinend bei seiner Mutter im Bett. Er hatte sie um die Entführung gebeten, weil er noch nicht heiraten wollte. Konnte er nun auch nicht: Seine Braut hatte ihn verlassen. Nur die Polizei wartete auf ihn — mit einer Anzeige wegen Vortäuschung einer Straftat.

Die erfolgloseste Romanze

Eine der erfolglosesten Romanzen begann im November 1979 zwischen einem Einbrecher und einer blonden Dame, die er zu berauben versuchte. Er kletterte nachts in die vermeintlich leere Wohnung und weckte dabei aus Versehen die blonde Schönheit. Anstatt zu fliehen versuchte er ihr den Hof zu machen. Anfangs kam er auch gut voran — nur als er schon nach einer halben Stunde versuchte, seinen ersten Kuß zu landen, schlug sie ihn mit einer kurzen Geraden nieder. Dann schleppte sie ihn zum Hausmeister, wobei sie ihn, sobald er wieder zu sich kam, mit einem Schuh erneut ohnmächtig schlug.
Im Krankenhaus war der Einbrecher ziemlich überrascht, als er hörte, daß seine Angebetete erst vor kurzem eine Geschlechtsumwandlung durchgemacht hatte. Vorher war sie Maurer gewesen.

Der miserabelste Einbrecher

In Harnisch geriet der Amtsrichter Eduard Blaimont während einer Gerichtsverhandlung in Pau, Frankreich, weil ihm zum 17. Mal in seiner siebenjährigen Amtszeit der Einbrecher George Bruèlle gegenüberstand. Diesmal hatte ein Handlungsreisender, in dessen Wohnung George eingestiegen war, den Halunken schnarchend auf dem Kanapee erwischt. George war eingeschlafen, weil er sich zu ausgiebig am Cognac des Wohnungsinhabers gütlich getan hatte. »Einen unfähigeren Einbrecher als Sie kann ich mir gar nicht vorstellen«, kanzelte der Richter seinen alten Bekannten ab, »das nächste Mal weigere ich mich, ein Verfahren gegen Sie zu eröffnen. Dann können Sie selbst zusehen, wer Sie verurteilt, Sie Null.« Ob George nach Abbüßung seiner Haftstrafe das Geschäft, zu dem er so gar nicht berufen war, aufgegeben hat, ist nicht bekannt.

Kostspielige Ehrlichkeit

Die höchsten Leihgebühren, die je eine Bücherei zu bekommen hatte, betrugen ungefähr 22650 Dollar. Kein Wunder: denn im Jahre 1823 hatte die medizinische Uni-Bibliothek von Cincinnati/USA dieses Werk über fieberhafte Erkrankungen verliehen.

Der Urenkel des Ausleihers, Richard Dodd, brachte das Buch im Dezember 1968 zurück. Wegen seiner Ehrlichkeit verzichtete die Bibliothek auf das Eintreiben der Ausleihsumme.

Der ungeschickteste Einbrecher

Der ungeschickteste Einbrecher wollte in Tiverton in ein China-Restaurant einbrechen. Er kletterte durchs Fenster, verlor sein Gleichgewicht und fiel in eine Friteuse. Fettbeschmiert rappelte er sich hoch und rutschte auf die Kasse zu.

Es waren keine Geldscheine zu finden, und so füllte er seine Taschen mit Unmengen von Kleingeld.

Als er — mit ausgebeulten Taschen und gerinnendem Fett am Körper — das Restaurant verließ, fiel er einem vorüberkommenden Polizisten sofort auf und wurde festgenommen.

Die sicherste Grenze der Welt

Eigentlich soll sie undurchdringlich sein — die Stacheldraht- und Mauergrenze zwischen der Bundesrepublik und der DDR. Aber auch hier ist nichts perfekt.

Eine »Arbeitsgemeinschaft 13. August« veröffentlichte 1981, daß seit 1969 jährlich zwischen 4000 und 6000 Menschen die Flucht über die »sicherste Grenze der Welt« gelang.

Fortschrittliche Niederlage

Eine technische Niederlage erlitt Kaiser Menelik II. von Abessinien (dem heutigen Äthiopien), als er gegen Ende des letzten Jahrhunderts sein Land modernisieren wollte.

Er bestellte — unter anderem, zugegeben — drei elektrische Stühle bei dem amerikanischen Hersteller dieser neuen Geräte.

Als die Todesstühle eintrafen, stellte man fest, daß man noch gar keine Elektrizität im Lande hatte.

Um zumindest nicht alle drei elektrischen Stühle unbenutzt zu lassen, verwendete Kaiser Menelik II. einen der formschönen Stühle als Thron.

Der desolateste Grundstein

Höchst feierlich sollte am 30. April 1981 die Fünfzig-Jahr-Feier des Empire State Building zelebriert werden.

Dazu wollte man vor Honoratioren und Ehrengäste die Dokumentenkapsel des Grundsteins öffnen. Glücklicherweise schaute man vorher erst einmal nach. Es stellte sich heraus, daß der Stein in desolatem Zustand war und sogar der Deckel fehlte. Wasser war eingedrungen und hatte die Dokumente des Erbauungsjahres (Banknoten und eine New York Times) zerstört.

Gaston Meniers Tischeisenbahn, die endlich die lästigen Lakaien aus dem Eßzimmer fernhält, hat keine Verbreitung gefunden. Essen, Trinken, Geschirr... alles wird von der Tischeisenbahn herantransportiert und die Reste dampfen wieder zurück ins Reich der Dienstbolzen. — Ach, Du hast kein Personal, Leser(in)! Ja dann geht's Dir gut und du hast den ständigen Ärger mit dem Hausgesinde nicht. Beneidenswert! Wirklich beneidenswert.

Bei Recherchen kam folgendes heraus: Die Grundsteinlegung im Jahre 1930 war ein feucht-fröhliches Fest gewesen. Daher waren die Arbeiter nicht mehr in der Lage, den Grundstein ordnungsgemäß zu versiegeln. Der Bürgermeister von New York, Edward Koch, ordnete an, für den Feiertag neue Dokumente anzufertigen.

Nackt zum Infackt

Nackt wollte ein abgefeimtes 16jähriges Mädchen ihren fast 80jährigen Stiefvater in den Tod treiben. Der Fall wurde nach einer Meldung der Zeitung »Yediot Aharonot« am 1. September 1983 vor einem Gericht in Tel Aviv verhandelt: Das kleine Luder bewegte sich nackt und äußerst lasziv, wie der

Anwalt des klagenden Stiefvaters ausführte, vor dem gelähmt im Stuhl sitzenden Alten. Das erregte ihn so sehr, daß er zeitweise die Besinnung verlor. Wehren konnte er sich nicht. Das Gericht verbot der jungen Dame bei Androhung einer längeren Haftstrafe die lebensbedrohenden Auftritte, weil als erwiesen galt, daß die Nackte es auf die nicht unbeträchtliche Erbschaft des Stiefvaters abgesehen hatte. Sie muß — so die Nachfolger des weisen Salomo — warten, bis der betagte Herr eines geruhsamen Todes stirbt.

Erfolgloser Erfinder

Einer der erfolglosesten Erfinder war Paul Padrick. Zwischen 1962 und 1977 ließ er 162 Erfindungen patentieren. Darunter waren: das Amphibien-Fahrrad, eine Brille für schlechte Sichtverhältnisse und eine Einrichtung, damit man ein Auto vom Rücksitz aus steuern kann.

Seine beiden größten Ideen wurden allerdings abgelehnt: ein Golfball, den man während des Fluges steuern kann — wegen Unsportlichkeit. Und ein Bewässerungssystem aller Wüsten unserer Erde (riesige Schneebälle durch riesige Röhren von der Antarktis in die Wüsten zu leiten) — wegen zu hoher Kosten.

Das untauglichste Foto

Der erfolgloseste Erpresser war wohl Peter S. (42), der einen befreundeten Anwalt um einige tausend Mark erleichtern wollte. Er versteckte sich dazu mit Kamera und Blitzgerät in dessen Schlafzimmerschrank. Einige Stunden später kam es wirklich zu interessanten Begegnungen zwischen dem Anwalt und seiner Freundin auf dem Schlafzimmerbett, und Peter S. stürzte wild fotografierend aus dem Schrank.

Nach dem Entwickeln des Films war leider nicht das ehebrecherische Paar zu erkennen, sondern nur sehr deutlich ein Plattenspieler, der in der Ecke des Schlafzimmers stand.

Die überflüssigste Expedition

Eine ornithologische Niederlage erlebte der New Yorker Naturforscher Dr. Wood. Er unternahm eine strapaziöse Expedition in den Urwald des Mato Grosso, um dort Tonbandaufnahmen einer äußerst seltenen Vogelart herzustellen.

Leider kam er dem Vogel nicht auf die Spur. Auf dem Rückflug der Expeditionsteilnehmer erfuhr er von einem zufällig mitfliegenden Kollegen, daß der New Yorker Zoo zwei Exemplare dieser äußerst seltenen Vogelart besitzt.

Die blamabelsten Diagnosen

Auch Militärärzte können sich irren. Als Arthur Wood im Jahre 1915 gemustert wurde, gab ihm der Militärarzt auf Grund eines Herzfehlers nur noch wenig Zeit zum Leben. So kam er um den ersten Weltkrieg herum.

Zum zweiten Mal wurde Arthur Wood 1939 gemustert — und wieder schüttelte die Kommission den Kopf: kaum Chancen, das nächste Jahr zu überstehen, geschweige denn den Zweiten Weltkrieg.
Ein drittes Mal wird John Wood wohl kaum noch gemustert werden — obwohl er im März 1981 seinen 105. Geburtstag feierte.

Der wirkungsloseste Aufruf
Den wirkungslosesten Aufruf an seine Bürger, doch einmal einen »fernsehfreien Tag« einzulegen, leistete sich 1979 Bundeskanzler Helmut Schmidt.
Auch nach seinem Aufruf blieb — wie Meinungsforschungsinstitute feststellten — der Fernsehkonsum gleich hoch. Er sank erst im Jahre 1981. Ohne Aufruf des Kanzlers. Offensichtlich nur durch das schlechter gewordene Programm.

Dallas
Der 31jährige Philippe Agneray erschoß an einem Samstagabend in Aulnay-sous-Bois bei Paris seinen vier Jahre älteren Bruder Marc, weil er unbedingt »Dallas« im Fernsehen anschauen wollte. Marc dagegen zog die Show-Sendung auf einem anderen Kanal vor. Weil bei der Auseinandersetzung auch noch der Fernsehapparat zu Bruch ging, stellte sich der entnervte Philippe unverzüglich der Polizei.

Folgenschwerer Kuß
Jede Menge Küsse hatte der Zensor der staatlichen Pakistanischen Fernsehgesellschaft aus dem US-Spielfilm »The Promise« herausgeschnitten, weil sich »derartige Szenen des persönlichen Glücks nicht mit den Moralgesetzen des Landes vereinbaren lassen«. Ein Kuß aber entging der Aufmerksamkeit und Schere des muslimischen Saubermanns und geriet vor die Augen von Millionen Pakistanis.
Die Fernsehverantwortlichen entschuldigten sich für die Panne und leiteten ein Disziplinarverfahren ein, das den unkonzentrierten Zensor seinen Job kostete.

Was sich Professor E. J. Christie bei der Erfindung dieses mit einem 250-PS-Motor ausgerüsteten Einrads gedacht hat, bleibt dem Herausgeber unerfindlich. Immerhin ist er aber einer der Unsrigen geworden, Leser(in). Kein Mensch wollte das monströse Fahrzeug haben.

Die peinlichsten Gagen

Die peinlichsten Gagen zahlte die BBC im Jahre 1976. Unter dem Titel »Der Kampf gegen die Sklaverei« wurde in Afrika ein mehrteiliger Fernsehfilm gedreht. Bei der Budget-Überprüfung stellte sich heraus, daß die weißen Schauspieler eine fünfmal höhere Gage erhalten hatten als die schwarzen Darsteller.

Das mißlungenste Kaminfeuer

Das mißlungenste Kaminfeuer entzündete der Maler George Oltman am 18. November 1980 in seinem Haus in Burlay, England. Nachdem er angeheizt hatte, verließ er den Wohnraum um Kohlen zu holen. Zurückgekehrt, stellte er fest, daß Funken die Kiste mit Anmachholz in Brand gesetzt hatten. Oltman schleppte die brennende Kiste eilig ins Freie. Dabei streifte er einen Vorhang. Der fing Feuer, und George mußte sich sputen, ihn herunterzureißen und in der Badewanne zu löschen.

Mittlerweile stand aber schon sein Auto in hellen Flammen, weil er die brennende Holzkiste in allzu großer Nähe abgestellt hatte. Beim Löschversuch mit dem Gartenschlauch stürzte zu allem Unglück auch noch der Reserve-Benzinkanister des Malers um. Bei der Explosion versengten nicht nur seine Haare; schlimmer, sein Kittel fing Feuer. Mit knapper Not gelang es ihm, sich das flammende Gewand vom Leibe zu reißen. Die von Nachbarn alarmierte und zu diesem Zeitpunkt eintreffende Feuerwehr brachte die verschiedenen Brandherde unter Kontrolle. Auch das Kaminfeuer wurde ein Opfer ihres Lösch-Schaums.

Die mißlungenste Rettungsaktion

Die mißlungenste Rettungsaktion seit Menschengedenken unterlief der Londoner Feuerwehr am 27. März 1978. Sie wurde in den Süden Londons gerufen, wo die Katze einer alten Dame entwichen und sich vor dem Verkehr in den Wipfel eines Straßenbaums geflüchtet hatte. Das Kätzchen saß oben und traute sich nicht mehr herunter. Alles Locken und Rufen half nichts.

Die hilfsbereiten Feuerwehrleute fuhren ihre Leiter aus und bargen die Mieze, was die alte Dame derart rührte, daß sie die beherzten Männer überaus dankbar zu einer Tasse Tee nötigte. Das Kätzchen aber entschlüpfte derweil unbemerkt. Als die Feuerwehr davonbrauste winkte die alte Dame ihr nach, bis der Fahrer scharf bremste, weil er die eben gerettete Katze platt gefahren hatte.

Das erfolgloseste Feuerwerk

Das erfolgloseste Feuerwerk, das je gezündet wurde, bestand aus einem Bündel Raketen. Es war 1975 von einem gewissen George Plimpton aus New York angefertigt worden, wog 360 Kilogramm und war etwa einen Meter hoch.

Das Feuerwerk sollte sich prächtig entfalten, und ein goldener Feuerball sollte in 1000 Meter Höhe als krönender Abschluß funkensprühend zerbersten. Als Plimpton sein Raketenbündel zündete, grub es sich jedoch in die Erde und riß einen drei Meter tiefen Krater.

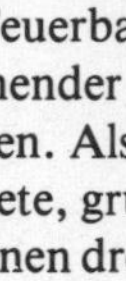

Die schlechtesten Filme

Die schlechtesten Filme aller Zeiten wurden im November 1981 in Wien prämiert. Es waren: »The Attack of the Killer Tomatoes« (Zehn Fuß hohe Tomaten greifen amerikanische Städte an).

»The Terror of Tiny Town« (Ein Western-Musical, ausschließlich von Zwergen gespielt).

»The Saved Hitler's Brain« (Ein Nazi-Arzt rettet Hitlers Gehirn, bringt's im Gurkenglas auf eine Insel, um sein Comeback vorzubereiten).

»The Creeping Terror« (Ein menschenfressender Teppich fällt vom Himmel und verschlingt alle Schüler einer High-School).

»Robot Monster« (Als Gorillas getarnte Roboter vom Mond überfallen die Erde).

»Bride of the Monster» (Verrückter Wissenschaftler schwängert neugierige Reporterin mit dem Samen einer Mörderkrake).

Zum schlechtesten Film aller Zeiten wurde gewählt: »Plan Nine from Outer Space« (Grabräuber aus dem All landen auf der Erde).

Niederlagen der Kameramänner

Die schönsten Einstellungen sind in folgenden drei Filmen zu finden:

— In »Carmen Jones« fährt die Kamera eine Straße hinunter, wobei sich das gesamte Filmteam in einer Schaufensterscheibe spiegelt.

— In »The Wrong Box« sind deutlich Fernsehantennen auf den Dächern des Viktorianischen London zu sehen.

— In »Decameron Nights« steht der Held auf dem Deck eines Piratenschiffes aus dem 15. Jahrhundert, während im Hintergrund ein weißer Lkw vorbeifährt.

Super-Flop

Den finanziell größten Flop Hollywoods leistete sich Michael Cimino mit seinem Film »Heaven's Gate«. Die Produktionskosten betrugen 50 Millionen Dollar.

Gleich nach der Premiere, am 18. 11. 1980 in New York, wurde der Film zurückgezogen und niemals wieder der Öffentlichkeit gezeigt.

Faulheit kennt keine Grenzen. Nicht wenige Menschen sind selbst zum Schlucken zu träge. Für sie könnte der 1881 von Professor Machon entwickelte direkte Zugang zum Magen die Überlebensproblematik vereinfachen: Suppe in den Trichter, bis der Magen voll ist, Trichter weg, Pfropf auf den Schlauch — schon ist die Ernährungssituation in der Balance.

Leider starb die Testperson dem Professor gar zu schnell unter den Fingern weg, was der Popularität dieser medizinischen Erfindung sehr abträglich war.

Revolution unglaubwürdig

Um einen möglichst realistischen Film zu drehen, schloß eine Filmproduktion in Hollywood im Jahre 1914 einen Vertrag mit dem mexikanichen Revolutionsführer Pancho Villa.
Dieser sollte — möglichst realistisch — gegen ein Honorar von 25 000 Dollar eine Revolution durchführen, bei der man filmen wollte.
Wegen der Beleuchtung durfte Pancho Villa mit seinen Leuten nur zwischen 9 und 16 Uhr kämpfen. Außerdem mußte er seine Kampfhandlungen immer wieder unterbrechen, damit die Kamera auf die jeweils optimale Position gebracht werden konnte. Pancho Villa schaffte trotz dieser Schwierigkeiten seine Revolution.
Aber die Filmszenen mußten im Studio wiederholt werden. Grund: Die Original-Aufnahmen wirkten zu unglaubwürdig.

Kein Geld für nichts

Ein »Festival du Film irréalisé« wollte die junge Theatergruppe »Théatre Métro« in Lyon veranstalten. Gezeigt werden sollten bisher nicht veröffentlichte Filmprojekte.
Die ausgewählten Filmemacher sollten ihre Projekte einer Jury vorstellen und die Gründe erklären, warum der Film nicht gedreht werden konnte.
Für die Kosten des Festivals versuchte man verschiedene Geldgeber zu interessieren. Aber alle sagten ab — ohne Angabe der Gründe.

Die irrsinnigste Filmvorführung

Die irrsinnigste Filmvorführung war »Der Exorzist« in einem Kino in Brisbane, Australien.
Während des Films huschte nämlich eine ausgewachsene Ratte vor der Leinwand hin und her. Der Vorführer bemerkte nichts. Kurz darauf erschien eine Putzfrau, die mit ihrem Mop versuchte, die Ratte zu erschlagen. Das Publikum schrie wütend: »Get them off!«, was die Putzfrau völlig mißverstand, denn sie begann nun, sich auszuziehen.
Während sie noch im Licht des Projektors tanzte, kam die Polizei und stoppte das Vergnügen.
Die Zuschauer erhielten ihr Eintrittsgeld nicht zurück.

Rationalisierung

Zwölf Mahnschreiben versandte das »sich selbst kontrollierende computergesteuerte Mahnsystem« des Finanzamts in Wiesbaden an einen Geschäftsmann. Die Steuerschuld betrug 3,78 DM und war bereits vor der ersten Mahnung beglichen worden. Portoauslagen der Behörde: 9,60 DM. So kommt der Staat zu was.

Der gerngesehene Rattenfraß

Um eine ungewöhnliche Spende bat die Verwaltung der kolumbianischen Hauptstadt. Die Akten der Finanzverwaltung wurden nämlich immer wieder von Ratten angefressen. Da kein Etatposten für Rattengift frei war, entschloß man sich, das Problem über die Hilfsbereitschaft der Mitbürger zu lösen: Man bat — per Aushang — um Katzen, die die Ratten jagen sollten.

Den Kolumbianern waren gefressene Finanzakten lieber: Keine Katze wurde gespendet.

Das schlechteste Flugzeug

Das schlechteste Flugzeug wurde 1921 auf dem Lago Maggiore zu Wasser gelassen. Entwickelt von einem Grafen Caprioni, besaß das Flugboot neun mehrfachgelagerte Tragflächen und acht Turbinen. Mit einem Ballast, der 60 Passagieren entsprach, sollte sich das Flugboot in die Luft erheben.

Der Testpilot ließ die Turbinen auf Touren kommen (3200 PS), das Flugzeug hob sich aus dem Wasser — dann allerdings tauchte die Nase nach vorn, der Ballast kam ins Rutschen, die Tragflächen rissen, das Flugboot versank. Es hatte eine Flughöhe von einem knappen Meter erreicht.

Der unfähigste Flugzeugentführer

Der unfähigste Flugzeugentführer stand auf einem inneramerikanischen Flug plötzlich von seinem Sessel auf, zog eine Waffe und nahm sich die Stewardeß als Geisel.

»Bringen Sie mich nach Detroit«, sagte er.

»Wir sind auf dem Wege nach Detroit«, antwortete sie. »Oh... prima«, sagte er und setzte sich wieder hin.

Der geschäftsuntüchtigste Fotograf

Eine einmalige Chance hat der dänische Fotograf Tommy Anderson verpaßt, als er während des Attentats auf Papst Paul II. am 13. Mai 1981 aus nur zwei Metern Entfernung mehrere Farbaufnahmen machte, die den Überfall in allen Einzelheiten zeigten. Internationale und italienische Zeitungen hätten Tommy Anderson mehrere tausend Mark für diese Fotos geboten — aber der Fotograf hielt sie zurück.

»Ich war so durcheinander«, erklärte Anderson später. Zwei Monate später veröffentlichte eine Kopenhagener Zeitung eines seiner Fotos. Er erhielt dafür knapp 130 Mark.

Eher eine Spinnerei als ein Flieger. Aber schön ist die Erfinder-Zeichnung schon, die ein Mister Quimby 1871 einer wissenschaftlichen Zeitschrift einreichte.

Automations-Niederlage

In den ersten Monaten lief die supermoderne, vollautomatisierte Fertigungsstraße der Fordwerke in Bridgend (Südwales) wie am Schnürchen. Dann — im März 1983 — begann ein Förderband des hochsensiblen Systems zu klemmen. Den ausgebufften Profis unter den Ford-Arbeitern machte das weniger Kopfzerbrechen als den EDV-Spezialisten und Ingenieuren. Ein kräftiger Tritt, ein gekonnter Fingerdruck: schon tat das widerspenstige Band seine Pflicht bis zum nächsten Klemmpäuschen.

Während die Eierköpfe alles Mögliche anstellten, um den Fehler zu finden, beorderte Ford eigens einen Mitarbeiter ans Band, dessen ausschließliche Aufgabe es war, dem Band einen Tritt zu versetzen, wenn es muckte. Über 1 Million Mark wurde in die Reparatur der Anlage gesteckt, bis sie erstmals wieder ohne Antreter in Gang gesetzt werden konnte.

Aber die Manager, die aufatmend den menschlichen Fremdkörper aus ihrer automatischen Fertigungsstraße abgezogen hatten, wurden bitter enttäuscht. Ihr technisches Prunkstück blieb gleich sechsmal — und zwar in kurzen Abständen — stehen. Zudem weigerten sich die anderen gewerkschaftlich organisierten Arbeiter, den notwendigen Tritt fachgerecht auszuführen.

Eine Doppel-Niederlage für das Ford-Management: Zum einen bleibt es auf die systemfremden menschlichen »Treter« angewiesen. Und zum zweiten wurde es gezwungen, den »Tretexperten« weiterzubeschäftigen.

Der erfolgloseste Expeditionsleiter

Der Botaniker Thomas Nuttall (1786—1859) erlangte weniger seiner Entdeckungen wegen Berühmtheit, sondern allein deshalb, weil er sich ständig hoffnungslos verirrte. Während einer Expedition in den Nordwesten Amerikas vergingen kaum einmal zwei Tage, an denen die anderen Teilnehmer abends nicht nach Nuttall Ausschau halten oder für ihn große Leuchtfeuer entzünden mußten, damit er zum Camp zurückfand.

Am 17. April 1812 blieb Nuttall trotz Lichtsignal bis weit nach Einbruch der Dunkelheit verschollen. Seine Kollegen schickten einen Suchtrupp aus. Nuttall aber hielt die um ihn besorgten Botaniker für Indianer und floh. Die Verfolgungs- bzw. Rettungsaktion dauerte drei Tage. Dann gaben die Retter auf. Nuttall dagegen flüchtete weiter, bis er am vierten Tag durch Zufall ins Camp stolperte. Nuttalls Mitstreiter unterließen es daraufhin, eigens nach ihm zu suchen, wenn er abhanden gekommen war. Den Naturforscher focht dies jedoch nicht an. Er ging auf Exkursion, verlief sich und trudelte mehr oder weniger erschöpft wieder ein bzw. wurde von seinen Kollegen zufällig entdeckt und aus der Wildnis gefischt. Allerdings nicht so Ende Mai auf der gleichen Expedition: Nuttall verirrte sich diesmal dermaßen gründlich, daß er nach tagelanger Wanderung entkräftet zusammenbrach. Indianer, die den Wald durchstreiften, griffen ihn auf. Aber statt ihn zu skalpieren, luden sie den Mann, der mit soviel Rührung in den Augen zu ihnen aufblickte, in ein Kanu und schipperten ihn an die Wasserstelle der Bleichgesichter.

Die ausdauerndste Fahrschülerin

Die höchste Durchfallquote bei Führerscheinprüfungen erreichte Mrs. Miriam Hargrave 1970 mit insgesamt 39 Durchfällen. Acht Jahre lang hatte sie daran gearbeitet und für ungefähr 5000 Pfund an insgesamt 212 Fahrstunden teilgenommen. Allerdings bestand sie bei ihrem 40. Versuch. Sie hatte nur zwei rote Ampeln übersehen, von denen sogar der Prüfer eine übersehen hatte.

Die erfolgloseste Fahrschülerin

Nach 273 Fahrstunden in 19 Jahren gab die Engländerin Betty Tudor (50) aus Exeter endgültig die Hoffnung auf ihren Führerschein auf: Sie war zum siebtenmal durch die Fahrprüfung gefallen.

»Eigentlich schade«, meinte sie, »jetzt waren die ganzen Aufregungen umsonst.«

Folgenreiches Mißverständnis

Ein bedauerliches Mißverständnis unterlief dem 21jährigen Helmut B. aus Düsseldorf. Gerade hatte er seine Fahrprüfung bestanden und sie mit Freunden ausgiebig gefeiert. Daraufhin setzte er sich hinters Steuer, futterte zwei Rollen Pfefferminz und fuhr los. Als er in eine Polizeikontrolle geriet, spielte er seine Rolle sehr nüchtern.

Der Polizist gratulierte ihm noch zum neuen Führerschein, bemängelte jedoch, daß die Fahrerlaubnis noch nicht unterschrieben sei.

Helmut B. verstand den hereingereichten Kugelschreiber völlig falsch — er hielt ihn für das Alkohol-Testgerät und versuchte daher, mit viel Mühe das Schreibgerät aufzublasen.

Der Beamte wurde stutzig — und nahm ihm gleich den Führerschein wieder ab.

Dieses sinnreiche Gefährt ohne Räder hat Friedrich Wilhelm Goebel 1913 erfunden. Es ruht auf zwei Schienenpaaren. Die Last trägt auf jeder Seite jeweils aber nur eine Schiene. Die freien Schienen werden durch die Betätigung eines komplizierten Mechanismus gehoben, vorwärts bewegt und niedergelassen. Sie übernehmen die Last. Jetzt beginnt dieselbe Prozedur mit den anderen beiden Schienen. Das Vehikel kam nur sehr langsam voran und verlangte vom Fahrer einen enormen Kraftaufwand. Goebel wußte selbst nicht so recht, was denn die Vorzüge des Fahrzeugs wären. Weil auch sonst niemandem etwas anderes einfiel, als Goebel zu verspotten, dankte der Erfinder dem Schicksal, daß sein Geniestreich in Vergessenheit geriet.

Islamische Niederlage

Viele Hunderte von Frauen sind bei Teheraner Fahrschulen auf Wartelisten eingetragen, um das Autofahren zu erlernen und den Führerschein zu bekommen. Getreu der islamischen Tradition darf aber kein männlicher Fahrlehrer eine Frau unterrichten. Verzweifelt suchten daher die Fahrschulen Fahrlehrerinnen.

Der Erfolg der Aktion ist ungewiß: Denn um Fahrlehrerinnen auszubilden, müßte es erst einmal Lehrerinnen der Fahrlehrerinnen geben.

Nasse Prüfung

Im Nassen endete die fünfte Führerscheinprüfung von Mrs. Beatrice Park. In einer gefährlichen Kurve geriet sie von der Straße ab und landete samt Wagen und Fahrprüfer im Fluß Wey in Guilford, England. Der Fluß war nicht tief, und so retteten sich beide aufs Autodach. Allerdings hatte der Fahrprüfer einen Schock mitbekommen — er wurde in eine Nervenheilanstalt eingewiesen.

Als Miß Park sich nach einigen Tagen erkundigte, ob sie denn nun die Prüfung bestanden hätte, bat man sie um Geduld: Der Prüfer sei noch nicht entlassen worden und müsse erst seinen Bericht schreiben.

Schmerzliche Erziehungsmaßnahme

Wirksam gestoppt wurde der Fußballfanatismus von Francesco S. Ein italienisches Gericht verurteilte ihn jetzt endlich (1981) zu einer denkwürdigen Strafe: Jeden Sonntag, wenn seine Mannschaft spielt, muß er sich auf dem Polizeirevier melden. Das Gericht griff zu dieser harten Maßnahme, weil alles andere nicht mehr geholfen hatte: Als nicht unvermögender Fußball-Fan hatte er bisher alle Geldstrafen wegen Schlägereien, Pöbeleien und Morddrohungen an den Schiedsrichter ganz locker bezahlt.

Die erfolgloseste Sportförderung

»Ich will, daß mein Heimatverein Wormatia Worms wieder in der höchsten Spielklasse des deutschen Fußballs mitmischt«, verkündete der Fußballnarr und Kaufmann Winfried Heyn immer wieder. Und er ließ sich die Sache etwas kosten. Insgesamt 2,4 Millionen DM steckte er aus eigener Tasche in den Verein. Als Heyn mit einen Investitionen begann, war der Club noch zweitklassig. Kaum aber hatten die Kicker das Geld des Mäzens verbraten, stieg die Wormatia ab, und niemand redete mehr von ihr. Heyn dagegen kam ins Gerede, stand mit über 2 Millionen Schulden da und mußte sich wegen Darlehensbetrug vor Gericht verantworten.

Der fromme Torwart

Der schlechteste Torwart aller Zeiten war Isadore Irandir. Er mußte schon drei Sekunden nach Anpfiff des Spiels hinter sich greifen. Denn gleich nach dem Anstoß erhielt ein Gegner den Ball und schoß ihn mit dem linken Fuß über das Mittelfeld an Irandirs Kopf vorbei, der gerade auf den Knien seine Gebete für das Spiel beendete.

Der Erfinder W. A. Richardson versprach sich sehr viel von diesem mit Hand- und Fußkurbel angetriebenen Schwimm-Apparat. Leider entschlossen sich die Reedereien nicht zur Anschaffung dieses geschwinden Rettungsgeräts für Schiffbrüchige. Auch für den Wettkampfsport wurde das Instrument nie entdeckt. Nachdem W. A. Richardson zu Wasser gescheitert war, suchte neun Jahre später Mister John P. Holmes sein Glück in der Luft. Gottlob hat er seine Flugmaschine selbst nie ausprobiert, was ihm noch zu einer Vielzahl erfolgloser Jahre verhalf.

Gartenarchitektonische Niederlage

Eine gartenarchitektonische Niederlage fand im August 1981 auf dem Grundstück des englischen Bergmanns John T. statt. Er wollte einen Fischteich ausheben. Bei den Grabungen in seinem Garten fand er: zwei Bettgestelle, das Skelett eines Hundes, zwei Küchenspülen und eine viertürige Ford-Anglia-Limousine mit einem Kilometerstand von 120000. Der Motor war noch in Ordnung, nur die Karosserie brach auseinander, als John T. den Wagen bergen wollte. Danach gab er sein Fischteich-Projekt auf. »Weiß der Himmel, was ich noch alles finden werde«, entschuldigte er sich.

Die lahmsten Gefängniswärter

Die höchste Anzahl Sträflinge, die jemals gleichzeitig aus einem »absolut sicheren« Gefängnis ausbrachen, beträgt 124. Dieser Rekord wird vom Alcoente Gefängnis in der Nähe von Lissabon in Portugal gehalten.
In den Wochen bis zur Fluht im Jahre 1978 verschwanden 22 Messer und Unmengen elektrischer Kabel. Ein Wärter erklärte: »Wir hatten zwar immer danach suchen wollen, sind aber nie dazu gekommen.« Die Wärter entdeckten auch nicht die offenen Löcher in den Wänden, die mit Plakaten zugehängt waren. Auch nicht die Spaten und Meißel, Wasserschläuche und Elektrobohrer, die von den Insassen in Riesenmengen gehortet wurden.
In der Nacht vor dem Ausbruch bemerkte ein Wärter, daß von den 36 Gefangenen seines Blocks nur 13 anwesend waren. Er sagte, dies sei üblich, da immer wieder einzelne Sträflinge den Namensappell verpaßten oder sich verstecken würden. Jedoch seien normalerweise alle am nächsten Morgen wieder da.
»Wir sind erst am nächsten Tag durch einen Häftling auf die Flucht aufmerksam gemacht worden«, sagte später ein Wärter.

Der fruchtbarste Hochsicherheitstrakt

Wegen staatsgefährdendem Terrorismus wurde die 28jährige Francesca Bellere zu 16 Jahren Gefängnis verurteilt. Ab Anfang 1980 saß sie im Hochsicherheitstrakt des Gefängnisses von Messina.
Im März 1981 kam Francesca Bellere in das Krankenhaus von Messina. Überraschende Diagnose der Ärzte: schwanger, im 9. Monat.
Ende März wurde sie von einer gesunden Tochter entbunden. Die Gefängnisbehörden von Messina stehen vor einem Rätsel: Nach ihrem Ermessen war ein Kontakt mit einem Mann im Juli 1980 mit Sicherheit unmöglich. Jetzt werden zwei Schuldige gesucht: Der Vater der Tochter und der Verantwortliche für die Sicherheitspanne.

In die Flucht gezählt

Ein wahrhaft verständliches Fluchtmotiv hatte Caro Mitrabu, einziger Gefangener im Gefängnis von Tagara in Mexiko.
Nach seiner Flucht fanden die Wärter in seiner Zelle einen Zettel, auf dem stand: »Ich hatte es wirklich satt, jeden Tag dreimal gezählt zu werden.«

Der miserabelste Fluchtversuch

Den miserabelsten Fluchtversuch müssen sich die Mexikaner nachsagen lassen. Wochenlang schufteten die Insassen des Gefängnisses von Saltillo in aller Heimlichkeit an einem Fluchttunnel. Nachdem sie ihn ausreichend weit vorangetrieben hatten, stießen sie nächtens nach oben durch. Statt in die Freiheit starrten die genialen Fluchtplaner in Gewehrläufe. Sie hatten sich in der Richtung vertan und waren mit dem Ausstieg in die Wachstube der Gefängnispolizei geraten.

Rollschuhlaufen verboten

Eine Niederlage im Gefängnissport mußte ein 22jähriger Untersuchungsgefangener in der Justizvollzugsanstalt Frankfurt-Preungesheim hinnehmen. Er hatte beantragt, die langen Gänge zum Rollschuhfahren benutzen zu dürfen.

Aus der Begründung des Amtsrichters:

»Zum einen kann — trotz der modernen Kunststoffrollen — unzumutbarer Lärm entstehen. Zum anderen besteht die Gefahr des Hinfallens und Sich-am-Gitter-Verletzens. Dazu scheint der Haftzweck gefährdet, weil ein mit Rollschuhen versehener Untersuchungsgefangener sich weitaus schneller fortbewegt als ein nicht mit Rollschuhen ausgestatteter Bediensteter der Anstalt.«

Die Freudschste Fehlleistung

Goldmünzen in einer speziellen Serie ließ die amerikanische Regierung vor einigen Jahren prägen. Unbeabsichtigt hatte sich ein Rechtschreibfehler dort eingeschlichen. Statt »in god we trust« (wir vertrauen auf Gott) stand dort geprägt: »in gold we trust« (wir vertrauen auf Gold). Als der Fehler entdeckt wurde, ließ man die Serie kommentarlos auslaufen. Was einige Leute zu der Annahme veranlaßte, die USA hätten ihr Staatsmotto geändert...

Im Sommer des Jahres 1865 stieg der Sektierer Camille Richauld mit einem Ballon in den Äther, »um den Herrn im Himmel zu schauen«. Statt dessen wurde es ihm jedoch schwarz vor Augen.
Sein Jünger Philippe öffnete geistesgegenwärtig die Ventile des Ballons und brachte den Gottesmann — unerleuchtet zwar, aber ansonsten wohlbehalten — zur Erde zurück.

Die drei untauglichsten Geschworenen

Das wohl unfähigste Gericht trat 1978 in Manitoba, Kanada, zusammen.

Denn nachdem man schon einige Stunden zusammengesessen hatte, verriet einer der Geschworenen, daß er völlig taub sei und deshalb gar nicht wisse, um was es ginge. Der Richter war perplex. Noch perplexer wurde er, als sich ein zweiter Geschworener meldete, der zugab, kein Wort Englisch zu verstehen. Man holte einen Dolmetscher — worauf dem Mann endlich klar wurde, was er hier eigentlich zu tun habe.

Der Prozeß wurde aber endgültig ausgesetzt, als ein dritter Geschworener zugab, er hätte nun überhaupt keine Ahnung. Denn er sei nicht nur taub, sondern ebenfalls der englischen Sprache unkundig.

Der peinlichste Geschworene

Der peinlichste Geschworene trat bei einem Prozeß über ein Notzuchtverbrechen in Ohio auf.

Trotz des interessanten Themas schlief der gute Mann nämlich tief während der Verhandlung. Als das Opfer nun gebeten wurde, zu wiederholen, was der Täter ihr gesagt habe, war sie so schüchtern, daß sie es nur aufschreiben wollte.

Der Zettel mit dieser Aussage wurde unter den Geschworenen herumgereicht.

Der Schläfer schreckte auf, las die Meldung und schaute die Dame an. Dann las er den Zettel nochmals, blinzelte der Dame zu und steckte den Zettel in die Tasche.

Als der Richter entsetzt nach dem Zettel fragte, weigerte sich der Geschworene, ihn zurückzugeben.

»Das ist schließlich Privatsache zwischen mir und ihr«, sagte er dem erstaunten Gericht.

Der ungeschickteste Staatsanwalt

Wie in »New Statesman« Ende 1978 zu lesen war, demonstrierte der Staatsanwalt Fred Dunberg vor einem Gericht in Glasgow den Geschworenen, zu welchen Schändlichkeiten man Handschellen verwenden kann, die bei einem mehrmals vorbestraften Gewohnheitsverbrecher gefunden worden waren. »Ich denke«, begann der wortgewaltige Dunberg, »die Herren Geschworenen wird interessieren, wie man mit diesem einfachen Gerät einen möglichen Gegner unschädlich machen kann.«

Einwendungen des Gerichtsdieners beiseite wischend, legte er die Schellen um seine Handgelenke und ließ sie mit theatralischem Effekt zuschnappen. Die Geschworenen zeigten sich beeindruckt, denn der sonst so gestenreiche Staatsanwalt wirkte plötzlich absolut hilflos. Diese Gelegenheit nutzte der Gerichtsdiener, um — nunmehr mit Aufmerksamkeit bedacht — darauf hinzuweisen, daß die Polizei zwar die Handschellen, nicht aber die dazugehörigen Schlüssel sichergestellt hatte. Dem gefesselten Anklagevertreter blieb nichts anderes übrig, als sich der Geschicklichkeit eines ortsansässigen Schlossers anzuvertrauen, der ihn in einer langwierigen Prozedur unversehrt aus der eisernen Umklammerung heraussägte.

Idiotische Rechtsprechung

Recht kann man überall finden, am wenigsten allerdings vor Gericht: Ein 62jähriger Autofahrer hatte auf der Autobahn gewendet und war in der verkehrten Richtung gefahren. Ein anderer, auf der Überholspur daherpreschender Verkehrsteilnehmer mußte in größter Not ausweichen, rammte die Leitplanke und erlitt an seinem Fahrzeug Totalschaden.

Als der Fall vor Gericht kam, stellte sich heraus, daß die Verkehrsgesetze zwar das Wenden auf der Autobahn verbieten, daß aber über das Fahren in falscher Richtung nirgendwo etwas gesagt ist. Also schloß das Gericht messerscharf, daß der Falschfahrer nichts Unrechtes getan haben kann. Fürs gesetzwidrige Wenden hätte das Gericht, wie es in der Begründung heißt, ein Bußgeld verhängen können, wenn (ja wenn!) die Frist für diese Ordnungswidrigkeit zum Zeitpunkt der Verhandlung nicht schon verstrichen gewesen wäre. (Oberlandesgericht Celle AZ: 1 Ss 333/83)

Die peinlichsten Gewerkschaften

Die peinlichsten Gewerkschaften hat zweifellos die Bundesrepublik Deutschland. Die meisten sind im Deutschen Gewerkschaftsbund zusammengeschlossen und nehmen das Maul sehr voll. So wollten sie z. B. die Wirtschaft des Landes reformieren und gründeten sogenannte gemeinwirtschaftliche Betriebe. Die sollten alles besser, billiger und menschenwürdiger produzieren als die Kapitalisten. Besonders mächtig wurde der Wohnungsbaukonzern Neue Heimat. Der produzierte Mietskasernen wie der Bäcker Brötchen. Eine häßlicher als die andere. Ganze Schlafstädte von bedrückender Monotonie klotzte er in die Landschaft. Die Neue Heimat gilt als größte Verwüsterin Deutschlands nach dem 2. Weltkrieg.

Doch das ist der Peinlichkeiten noch längst nicht genug. Der Konzern baute nicht nur Hochhaussiedlungen, die ihre Bewohner so schwermütig machten, daß sie sich dutzendweise von den Balkons stürzten, nein, er baute auch die gigantischsten Verluste der Baugeschichte. Die Aufsichtsratsmitglieder, allesamt hohe Gewerkschaftsführer, waren dermaßen unfähig, daß sie überhaupt nicht merkten, wie sich der Vorsitzende des Vorstandes, Vietor, selbst beachtliche Vermögenswere zuschanzte. Und schon gar nicht kriegten sie mit, daß der Konzern mehr oder weniger Pleite war. Erst als das Nachrichtenmagazin SPIEGEL über die Machenschaften des Herrn Vietor berichtete, offenbarte sich die ganze Misere.

Es paßt ins Bild der unglaublichen Inkompetenz der Gewerkschaftsbosse, daß sie neben dem ungetreuen Vietor noch zwei andere Vorstandsmitglieder fristlos feuerten, die sie dann wieder anstellen (bzw. abfinden) mußten, weil das Arbeitsgericht die Kündigungen für nicht gerechtfertigt und ungültig erklärte. Der Gipfel der Peinlichkeit war damit aber noch immer nicht erreicht. Jetzt mußte der angeschlagene Konzern nämlich saniert werden. Dazu griffen die Oberbürokraten der deutschen Gewerkschaftsbewegung in die Streikkassen und stopften die Löcher ihrer Mißwirtschaft mit den Beitragsgeldern der kleinen Mitglieder. Die wiederum waren so schafsköpfig, daß sie die tumben Liederjane in den oberen Etagen der Gewerkschaftshäuser in keiner Weise zur Rechenschaft zogen. So gebührt dem DGB unbestritten der Ruhm, als weltgrößter Gewerkschaftsverband auch weiterhin von den größten Dummköpfen geführt zu werden.

Schwere Niederlage

Die schwerste Niederlage beim Gewichtheben erlebte ein unbeteiligter Zuschauer bei den Olympischen Spielen 1936 in Berlin.
Beim Weltrekordversuch im Drücken platzte dem ägyptischen Gewichtheber El Touni der Verschluß seines Gürtels. Im hohen Bogen flog die Gürtelschnalle durch den Saal und traf einen Zuschauer, der sich daraufhin in ärztliche Behandlung begeben mußte.
Offensichtlich war der ägyptische Gewichtheber von diesem Ereignis so geschafft, daß er es beim nächsten Versuch — trotz neuem Gürtel — nicht einmal mehr schaffte, das Gewicht umzusetzen.

Prophetischer Irrtum

Eine gläubige Niederlage mußten 50 amerikanische Christen am 30. Juni 1981 hinnehmen: Sie sollten am 28. — so hatte es ihr Evangelist Bill Maupin aus Arizona vorhergesagt — zur Himmelfahrt aufsteigen. Und zwar »wie ein Bündel Luftballons« — so hatte er sich ausgedrückt.
Die Christen warteten einige Tage, dann verlängerte der Evangelist nochmals den Startzeitraum und vertiefte sich erneut in die Bibel.
Dort fand er die Ursache für die nicht stattgefundene Himmelfahrt: Die Sinai-Halbinsel gehört noch nicht zum jüdischen Staatsgebiet. Dies aber sei eine Voraussetzung.
Vielen seiner Gläubigen nutzte das wenig: Sie hatten bereits Haus und Hof verkauft.

Wunder

Nachdem mehrere glaubwürdige Mitglieder der katholischen Kirchengemeinde Ranschbach in der Pfalz Marienerscheinungen bezeugten, die ihnen allesamt in der lauschigen Umgebung einer von altersher bekannten Quelle widerfuhren, avancierte das bescheidene Rinnsal innerhalb kürzester Zeit zur vielgepriesenen Wunderquelle. Enorme Heilkräfte wurden ihr zugeschrieben. Auf dem Dachboden des kleinen Gotteshauses der Gemeinde begannen sich bereits nutzlos gewordene Krücken als Belege wunderbarer Genesung zu stapeln.
Auch Rentner M. versprach sich Linderung für seine mannigfachen Gebrechen. Früh morgens um fünf Uhr reihte er sich bereits in die Schlange derer ein, die nach dem segensreichen Wasser anstanden. Drei Stunden später — nur noch zwei vor ihm stehende Gläubige trennten ihn von der Quelle — wurde M. schlagartig von seinen Leiden befreit. Er kippte zur Seite, tat seinen letzten Schnaufer und verschied.

Goethesche Irrtümer

Die größten Irrtümer von Johann Wolfgang von Goethe (1749—1832): Seine Farbenlehre aus dem Jahre 1810 widerspricht fast allen wissenschaftlichen Erkenntnissen (liest sich aber gut). Dazu war Goethe Anhänger des Neptunisms — einer Theorie, die davon ausging, daß sich die Gesteinsformationen auf der Erde ursprünglich in den Meeren abgelagert hätten.
Ansonsten aber bleiben die literarischen Leistungen des Dichterfürsten unbestritten.

Der verkannteste Heilige

Der verkannteste Heilige der Römisch-Katholischen Kirche ist bis auf den heutigen Tag der Heilige Judas. Judas Thaddäus, wie Judas Ischariot Apostel Jesu, steht gänzlich im Schatten des Verräters oder wird gar mit ihm verwechselt. Niemand käme auf die Idee, Judas im Gebet anzurufen. Das Image des Namens ist einfach zu miserabel.

Ende gut, alles gut

Die erfolgreichste Hochzeits-Verwechslung fand 1978 in Jeddah statt: Ein Vater gab seine beiden verschleierten Töchter an die falschen Ehemänner.

Bei der Zeremonie verhaspelte er sich und brachte die Namen der Bräute und ihrer Bräutigame durcheinander. Ein paar Tage nach der Hochzeit erklärten die Töchter ihrem Vater, daß sie sich nicht scheiden lassen wollten, da sie mit ihren Ehemännern sehr zufrieden seien.

Die miserabelste Hundedressur

Völlig falsch eingeschätzt hatte ein 51jähriger Franzose seine Hundedressur-Künste. An einem der heißesten Tage des Sommers 1983 startete der Mann mit seinem Schlauchboot zu einer kühlen Ausfahrt auf den Baggersee von Bouaffle, westlich von Paris. Der »wohlerzogene« Hund mußte am Ufer bleiben und sollte die Kleider bewachen. Aber schon nach kurzer Zeit mißachtete er seinen Auftrag und schwamm seinem Herrn hinterher. Bei dem Versuch, in das Boot zu klettern, zerbiß das ebenso anhängliche wie ungehorsame Tier die Außenhaut des Gefährts. Boot und Herrchen versanken auf Nimmerwiedersehen. »Der herrenlose Hund sollte es vielleicht mal mit einem Frauchen versuchen«, ließ sich lakonisch der Tierheimwärter vernehmen, bei dem der Hund nach dem Unglücksfall vorübergehend untergebracht wurde.

Der albernste Hut

Beim jährlichen High-Society-Festival in Ascot bemüht sich bekanntlich jede Dame, einen möglichst interessanten Hut zu tragen.

Dieser Schirmhut des Herrn Bartine mußte ein Mißerfolg werden. Welcher Mann, so frage ich, läßt es sich schon entgehen, die Dame unter den Stockschirm zu nötigen, um sogleich den einen oder anderen kecken Griff anbringen zu können? Keiner!

1972 erschien Gertrud Shilling mit einem zwei Meter hohen Monstrum auf dem Kopf, dem noch mehrere Meter Chiffon hinterherflatterten. Sie konnte sich allerdings nur kurze Zeit im Glanz dieses Gebildes sonnen, denn Wind kam auf, der alles in sich zusammenfallen ließ. Damit hatte sie aber gerechnet und zerrte einen Reservehut hervor, der immer noch die stattliche Höhe von 1,20 Metern erreichte.

Image-Verlust

Eine Status-Niederlage erlebte 1979 die Rolex-Armbanduhr.

Die Kaffeehändler Tchibo hatte nämlich als Werbeanreiz in Italien eine billige Rolex-Imitation herstellen lassen, die er seinen Kaffeetrinkern für DM 39,95 verkaufte.

Und da die Besitzer echter Rolex-Uhren immer häufiger unter dem freudigen Ausruf: »Na, auch Tchibo-Trinker!« zu leiden hatten, ging der Verkauf von Rolex-Uhren schlagartig zurück.

Einseitige Intelligenz

Der höchste Gewinn in einem Fernsehquiz, den je ein Mensch errang, betrug 1 050 000 Mark.

Es war im Jahre 1958, als Teddy Nadler aus St. Louis diese Summe durch sein Wissen gewann.

Zwei Jahre später, im März 1960, versagte er allerdings bei einer Prüfung, als er sich um einen Posten bewarb.

Er war nämlich nicht imstande, Ost und West voneinander zu unterscheiden.

Jogger-Niederlage

Eine ungewöhnliche Methode, sich das Joggen abzugewöhnen, hat Frau B. Horn, 39, entdeckt.

Zunächst hatte sie es sich angewöhnt, jeden Morgen durch ein Waldstück zu traben. An einem kalten vereisten Morgen im März 1981 begegnete sie beim Joggen im Wald einem riesigen Schäferhund. Der sprang sie an und biß sie in den Arm. Ein dicker Trainingsanzug hatte sie geschützt — aber wenn doch was passiert wäre? Wer zahlt?

Sie nahm allen Mut zusammen und rief dem Hund »Komm« zu. Der folgte ihr — bis in ihr Haus. Sie sperrte das gefährliche Biest ins Badezimmer und gab ihm was zu fressen, damit sie an seine Hundemarke drankäme. Mit der Nummer erreichte sie auch den Besitzer, der sie anfuhr, sie habe wohl den Hund gestohlen und sollte ihn sofort freilassen. Der Hund aber fühlte sich im Badezimmer wohl und konnte nur durch einen Eimer Wasser vertrieben werden. Jetzt saß er vor der Haustür. Noch einen Eimer Wasser — und er verschwand.

Am Nachmittag ging Frau Horn zum Arzt. Auf der von Wasser vereisten Vortreppe rutschte sie aus und brach sich den Arm.

Seither streiten sich die Rechtsanwälte. Und Frau Horn läßt das Joggen sein.

Biblische Niederlage

In biblischer Zeit pflegten sich fromme Männer, die Gott besonders nahe sein wollten, selbst zu kastrieren. Dazu Jesus (Matthäus 19,12): »Wer es fassen kann, der fasse es!«

Kaiserliche Fehlinvestition
Wahrhaft kaiserlich war die Fehlinvestition des Senators Didius. Sie fand im Jahre 193 nach Christus in Rom statt. Die Garde putschte und stürzte den Kaiser. Weil man Geld brauchte, suchte man einen neuen Kaiser durch Versteigerung des Titels. Bei 300 Millionen Sesterzen erhielt der Senator Didius den Zuschlag.
Aber Didius war ziemlich unbeliebt, und so konnte er sich — trotz seines Geldes — nur 66 Tage bis zum nächsten Putsch an der Macht halten.

Erfolglose Suche
Völlig erfolglos blieb die Suche von der Polizei, Feuerwehr, Bundeswehr, den Eltern und Nachbarn nach zwei Kindern: dem 11-jährigen Matthias und der 8jährigen Kathrin. Sieben Tage lang blieben sie verschollen.
Aus Wut über eine Strafe hatten sich die beiden mit einigen Konservendosen, einem Taschenmesser und einigen Kerzen genial versteckt: 500 Meter weit vom Elternhaus entfernt auf einem Hochsitz.
Während alle nach ihnen suchten — sogar Bundeswehrhubschrauber wurden eingesetzt — amüsierten sich die beiden königlich über die Aufregung. Und sie versorgten sich — wenn der Hunger kam — mit neuen Decken und Lebensmitteln aus dem Elternhaus.
Ein Bauer entdeckte sie schließlich.
»Wir hätten es noch wochenlang dort aushalten können«, behaupteten die beiden Vielgesuchten hinterher.

Die langwierigste Überprüfung
Am 3. April 1231 dekretierte Papst Gregor IX.: »Die Bücher des Aristoteles über die Natur dürfen nicht gelesen werden, bis sie überprüft und verbessert worden sind.«
Am 23. April 1231 bestimmte eine päpstliche Breve eine Reihe von Theologen für diese Aufgabe, die bis heute (1982) noch nicht gelöst wurde.

Der langweiligste Prediger
Pater Frederick Denison Maurice, der im vorigen Jahrhundert in London wirkte, war berühmt für seine einschläfernden Predigten. Die Wirkung war so suggestiv, daß während seiner inhaltlich gänzlich unverständlichen Elaborate die Kirchengemeinde regelmäßig einschlummerte. Auch der König von England ließ es sich nicht nehmen, hin und wieder einen entspannenden Gottesdienst mit Pater Maurice zu genießen.
Nur einmal in seiner langen Predigerkarriere sah sich der Pater zu einem Eingriff in den frommen Schlaf eines Gemeindemitglieds genötigt. »Lord Lauderdale«, herrschte er diesen an, »sie werden mit ihrem lauten Geschnarche noch den König wecken. Nehmen Sie sich doch etwas zusammen!« Nach dieser Ermahnung kam es zu keinen neuen Störungen.

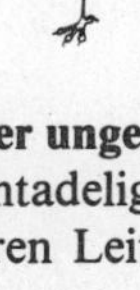

Als Stadtkämmerer ungeeignet
Einen im Amt untadeligen, aber politisch absolut untragbaren Leiter des kommuna-

len Finanzressorts hatte sich Anfang der sechziger Jahre die sozialdemokratische Mehrheit der Stadt Offenbach in den Magistrat geholt. Der Stadtkämmerer wurde beim Bücherklauen in einer Buchhandlung der Nachbarstadt erwischt. Nachforschungen der Staatsanwaltschaft ergaben, daß der Wahlbeamte unter falschem Namen eigens eine Wohnung gemietet hatte, in der er Tausende gestohlener Bücher aufbewahrte. Im gerichtspsychologischen Gutachten wurde dem Stadtkämmerer krankhafte Kleptomanie attestiert.

Die blamabelste Besichtigung

Eine Gruppe deutscher Korrespondenten fuhr im November 1980 im Bus von Moskau zur Besichtigung einer Kolchose.

Angekommen, wurden sie kaum wahrgenommen: Der Kolchosvorsitzende saß in Pantoffeln vor einer Flasche Bier. Man stellte fest, daß der Bus zum falschen Kolchos gefahren war. Der Reiseleiter versuchte, den richtigen Kolchos ausfindig zu machen. Vergeblich. Inzwischen wollten die Journalisten aussteigen. Der Reiseleiter bekniete den Vorsitzenden, irgend etwas zu zeigen.

Der schüttelte den Kopf: »Der Kuhstall ist nicht ausgemistet, die Melkmaschine ist kaputt. Mit der Ernte haben wir noch nicht angefangen, denn der Mähdrescher liegt im Graben.«

Den Journalisten wurde es zu langweilig, und sie fingen an, im Bus zu toben. »Zeigen Sie ihnen halt irgendwas«, flehte der Reiseleiter.

»Na gut«, sagte der Vorsitzende resignierend. »Sollen sie doch aussteigen und uns verleumden.«

Der sozialistische Mensch

Besondere Schwierigkeiten hat das Sowjetsystem nach wie vor mit dem »sozialistischen Menschen«. Über einen eklatanten Rückschlag bei der Formung dieser überlegenen kommunistischen Spezies berichtete die Zeitung »Sozialistitscheskaja Industrija«:

Genosse Bugaj, Arbeiter in der Schokoladenfabrik »Bolschewik«, hat ein Hobby: Er treibt sich lieber herum, anstatt zu arbeiten. Das tut er so ausgiebig, daß eines Tages ein Kollektiv auf ihn schimpft. Das tut ihm irgendwie leid, und er zeigt Reue: In der Bierkneipe in der Begowaja-Straße in Moskau besorgt er sich vom Genossen Schtscherbin gegen ein paar Gläschen Bier ein Papierchen mit Stempel und Briefkopf: ein Attest. Die Diagnose stellt er sich selbst, zehn Tage, findet er, muß er sich mindestens auskurieren. Genosse Bugaj ist keine Ausnahme: In den schwierigen Augenblicken des Lebens half Genossen Schtscherbin jedem beliebigen Faulpelz mit einer Arbeitsbefreiung aus. Dabei war er gar kein Arzt, sondern nur Sanitäter.

Begonnen hatte seine Karriere damit, daß er irgendwann im Hinterhof des Botkin-Krankenhauses alte Stempel und Formulare ausfindig machte. Nun, Brüderchen, sagte er sich, säufst du auf Kosten der Drückeberger. Nur die Arzt-Unterschriften fehlten noch zu seinem Trinker-Glück. Die kaufte der Genosse Schtscherbin für ein Glas Bier von einer zerrütteten Persönlichkeit, die dem Arzt Beneweskij den Unterschriftenstempel geklaut hatte, als dieser sich in der Kneipe einen Rausch ansoff. Doch die Botkin-Formulare reichten nicht lange: die Nachfrage war riesig. Nachschub besorgte Genosse Schtscherbin sich dann im Moskauer Krebsforschungsinstitut, wo er zeitweilig als Schlosser arbeitete.

Genosse Bugaj wurde seines volkswirt-

schaftlich wenig nützlichen Verhaltens überführt und von einem Volksgericht zu einem Jahr Besserungsarbeit verurteilt, doch nach sechs Monaten ging er wieder spazieren. Natürlich suchte er den Genossen Schtscherbin, doch der war weg. Statt dessen fand er einen gewissen Tolja, der ihm gegen eine Flasche Wodka ein Attest der Poliklinik Nr. 12 des Moskauer Bezirks Chimki verschaffte.
Am Arbeitsplatz fehlte auch der Polierer Makarow aus einer Moskauer Kühlschrankfabrik: »Hast du kein Gewissen«, fragte ihn das Kollektiv. Er hatte eins und legte ein Attest vor: Magenbeschwerden. Das Recht auf diese Krankheit hat jeder Alkoholiker. Die Verwaltung der Fabrik war's zufrieden, und niemand fragte danach, warum Makarow bis ans andere Ende der Stadt gefahren war, um sich krankschreiben zu lassen, wo es doch nahegelegene Polikliniken genug gab? Und warum das »Dokument« aus grauem Papier bestand statt aus dem gewöhnlich für diese Zwecke verwendeten Formular?
Kurz und gut, Genosse Makarow fehlte insgesamt acht Monate. Der Lohn wurde ihm dann zwar gestrichen, doch seinen Arbeitsplatz behielt er. »Vielleicht«, sagt das Kollektiv, »hat er vergessen, wo er arbeitet?« Doch für Sklerose war er eigentlich noch zu jung. Und das Ende der Geschichte: Auch Genosse Makarow wurde verurteilt, zu zweieinhalb Jahren Haft. Doch dann hatte das Gericht doch Mitleid mit ihm und verwandelte die Strafe in zwei Jahre Besserungsarbeit...

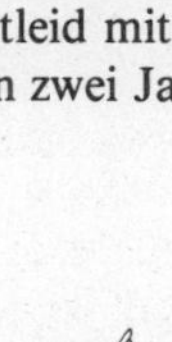

Vergeßlicher Juwelier
Ein Kaufmann aus Darmstadt, der knapp bei Kasse war, beauftragte über Mittelsmänner einen 37jährigen Antiquitätenhändler eine Weißgolduhr im Werte von 50000 DM zu versilbern. Das Geschäft sollte im halbseidenen Milieu der Frankfurter Zuhälterszene abgewickelt werden. Als aber der Deal im Gange war, tauchte die Polizei auf, und der Händler wurde unter dem Verdacht der Hehlerei festgenommen. Er mußte mehrere Wochen in U-Haft verbringen, während die Polizei herauszukriegen versuchte, wem die Uhr rechtmäßig gehört.
Niemand fand sich. Auch der Darmstädter

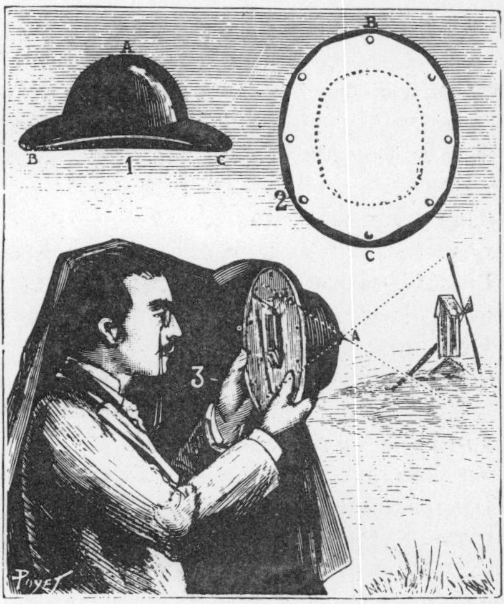

Für die Freunde der versteckten Kamera könnte dieser Fotografierhut die Lösung vieler Probleme bedeuten, wären Hüte nicht aus der Mode gekommen. Heutzutage ist ein Hutträger leider eine eklatant auffällige Person. Die an und für sich geniale Entwicklung ist mithin zum Opfer einer vulgären Mode geworden.

hatte offensichtlich Gründe, sich bedeckt zu halten. Die Polizei war ratlos. Und da der Untersuchungshäftling keck behauptete, ihm gehöre die Uhr, erhielt er sie schließlich ausgehändigt und wurde auf freien Fuß gesetzt.

Auf Umwegen erfuhr der Darmstädter vom Stand der Dinge und verlangte von dem Antiquitätenhändler die Herausgabe des Wertstücks. Vergebens. Denn nun behauptete der Händler, die Uhr sei weg, er habe sie in einer Plastiktüte an der Straßenbahnhaltestelle vor einem Sachsenhäuser Apfelweinlokal liegen lassen.

Auch vor Gericht war dem Antiquitätenhändler seine saublöde Ausrede mangels Beweises nicht zu widerlegen. Daraufhin mußte der Mann aus Darmstadt Konkurs anmelden.

Kinderleichte Aufklärung

Auch genial eingefädelte Straftaten schützen nicht vor blöden Zufällen.

Zum Beweis hier drei Beispiele:

1. Martin Ealey entwendete im Mai 1972 in London einen Themse-Lastkahn. Er wurde unverzüglich entdeckt, weil am Tag der Tat die Dockarbeiter streikten und Martin als einziger auf dem Fluß herumtuckerte.

2. Henk de Jong, der einen Juwelierladen in Den Haag ausgeräumt hatte, wurde noch in der Tatnacht geschnappt, weil er seinen Hund zurückgelassen hatte. Ein Polizist probierte es mit »Such's Herrchen!« und hatte Erfolg. Das kluge Tier führte die Kriminalbeamten geradenwegs zur Wohnung des Einbrechers.

3. 1979 versuchte der Wiener Autodieb Felix G. ein gestohlenes Gefährt an dessen Eigentümer zu verkaufen. Das war ein unverschuldeter Fehler, der Felix 8 Monate Gefängnis einbrachte.

Die rentabelste Bratwurst

Wegen einer Bratwurst verlor der Fußballclub Wormatia Worms seinen Tormann Peter Boom im Frühjahr 1981.

Denn beim Spiel gegen den FSV Frankfurt war der Ersatztormann Boom plötzlich verschwunden. Er stand am Imbißstand und verzehrte eine Bratwurst im Werte von DM 1,70. Die Quittung: sofortige Kündigung des Vereins.

Das ließ sich der Bratwurstfreund nicht gefallen und klagte. Vor Gericht bekam er recht: Wormatia Worms mußte ihn noch eine Saison weiterbezahlen.

Jetzt konnte er Bratwürste essen soviel er wollte: Bei dem Gerichtsurteil ging es um eine Summe von 40000 Mark.

Künstlerische Umkehrung

Eine künstlerische Umkehrung, die 47 Tage lang unentdeckt blieb, erlebte das Museum of Modern Art in New York. Man schätzt, daß ungefähr 116000 Besucher »Le Bâteau« von Henry Matisse betrachteten — das umgekehrt aufgehängt war.

Der Sohn des Künstlers erst bemerkte den Fehler.

Das Gemälde zeigt ein Boot und Wolken, die sich im Wasser spiegeln.

Ungeschickter Kopist

Auf großes kriminelles Interesse trifft Rembrandts Gemälde »Ölportrait« von Jakob de Gheyn II, dessen Wert auf ca. 4,5 Millionen DM geschätzt wird. Denn es ist jetzt zum drittenmal aus einer Londoner Galerie gestohlen worden.

Einer der drei Diebe, ein Radfahrer, trug das Gemälde unter seinem Regenmantel versteckt, als ihn die Polizei verhaftete.

Er habe das Bild nur kopieren wollen, erklärte der ungeschickte Kunstenthusiast.

Niederlage der Kunst

Eine Niederlage japanischer Kunst erlebten alle Besucher einer Ausstellung in Berkeley, Kalifornien. Dort stellte »Yakamura — Farben und Formen« aus. Leuchtende, bizarre, abstrakte Gemälde, die schnell ihren Liebhaber fanden; bis zu 3000 DM pro Stück war man bereit zu zahlen.

Besonders gespannt war man auf den Künstler, den man noch am gleichen Abend persönlich kennenlernen sollte. Er stellte sich auch vor: der Schimpanse »Gerhard« aus dem Zirkus, der gerade in Berkeley Station machte.

Der Erlös der Bilder — soweit man nicht das Geld zurückzahlen mußte — ging an eine karitative Organisation.

Das verkannteste Kunstwerk

Als das verkannteste Werk der bildenden Kunst ging die Badewanne des Düsseldorfer Kunstprofessors Josef Beuys in die Kunstgeschichte ein. Das Objekt, eine Emailbadewanne, die mit Heftpflaster und Mull beklebt war, wurde während der Vorbereitungsarbeiten zu einer Ausstellung im Depot von Schloß Morsbroich bei Leverkusen aufbewahrt. Im gleichen Raum lagerte auch die Bestuhlung des Kulturzentrums, die von den Frauen des SPD-Ortsvereins Leverkusen-Alkenrath für eine der 1978er Wahlveranstaltungen benötigt wurde.

Die Frauen hatten nicht nur für eine prominente Rednerin gesorgt, sondern auch für Bier. Nur mit der Kühlung haperte es. In Er-

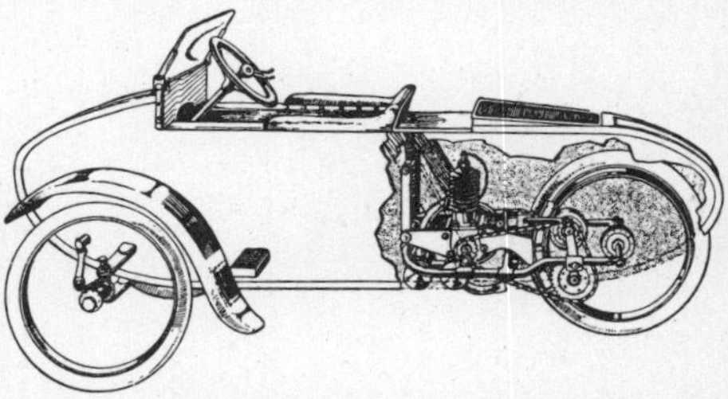

Von der Bauindustrie aufgekauft und stillgelegt wurde im Jahre 1925 die Firma Xtra. Durch den brandneuen tragbaren Xtra-Kleinwagen sahen die Betonmischer den immer lukrativer werdenden Garagenbau gefährdet. Der Slogan: »Xtra-Wagen, einfach in den Keller tragen«, der millionenfache Parkplatzprobleme gelöst hätte, drang deshalb nie ins Bewußtsein der Öffentlichkeit.

mangelung eines anderen Behältnisses bediente man sich der — in den Augen der Frauen etwas schmuddeligen — Badewanne. Das von Beuys absichtsvoll angebrachte Heftpflaster wurde abgepult, die Wanne tüchtig gescheuert, kaltes Wasser rein, fertig war die improvisierte Bierkühlanlage der patenten Frauen.
Die SPDlerinnen ahnten nicht, was sie da angerichtet hatten. Das Kunstwerk war nämlich von der Versicherung mit 56000 DM taxiert worden, und Besitzer Lutz Schirmer, ein Münchner Verleger, bestand auf der vollen Erstattung des Schadens.

Blöder Text
Dumme Fragen müssen Lehrstellen-Bewerber seit neuestem in Deutschland beantworten..
Um die Voraussetzungen zu testen, ob jemand Kfz-Techniker, Schlosser oder Fliesenleger lernen darf, muß der interessierte Schulabgänger folgende Frage beantworten:
»Wie viele Tiere nahm Moses mit in seine Arche?«
»Wie viele Geburtstage hat der Mensch?«
»Wer sind die Schiiten?«
»Wer ist der Begründer der deutschen Sozialversicherung?«
»Was sagt der Name Rommel?«
»Was bedeuten die Begriffe: Numismatiker, Inflation, Essay, Fiktion und Angebotsmonopol?«
Erboste Schüler ließen den Testbogen von erwachsenen Angestellten ausfüllen. Ergebnis: mehr als die Hälfte hätte keine Chance, heute eine Lehrstelle zu bekommen.

160 deprimierende Niederlagen
Gar nicht lustig sind die bisher 160 Niederlagen, die ein 19jähriges Mädchen aus Burglengenfeld (Oberpfalz) hinnehmen mußte. Nach Abschluß der Realschule mit durchschnittlichem Ergebnis hatte sich die Jugendliche immer und immer wieder um Lehrstellen beworben. Sie erhielt regelmäßig Absagen. »Wer in strukturschwachen Regionen keine Beziehungen hat, kann oft mit sehr gutem Schulzeugnis keine Lehrstelle ergattern«, bestätigte der Leiter des zuständigen Arbeitsamtes die depremierende Misere.

Der unverschämteste Rosenkavalier
Theo Hohlbaum lernte 1977 die Engländerin Linda Bywaters kennen. Er war sofort entflammt. Linda allerdings weniger. Deshalb versuchte Theo seit dieser Zeit, sie mit Rosen von seiner Liebe zu überzeugen. Täglich überraschte er sie damit: am Scheibenwischer ihres Autos, in ihrem Briefkasten, an der Garagentür.
Einmal schickte er ihr 200 Rosen auf einmal ins Haus.
Schließlich ging Linda Bywaters per Gericht gegen die Rosenflut an. Das Gericht untersagte ihm, sie weiter zu belästigen.
Aber Theo sandte weiter Rosen. Daraufhin wurde Linda krank, und das Gericht verurteilte nun Herrn Hohlbaum zu fünf Tagen Gefängnis.
Das kann Theo nicht erschüttern: Er sei eben verrückt nach dieser Frau.

Ein optisches Vergnügen, dieses Kugelfahrrad aus dem Jahre 1884. Leider wurde in der Glaskugel die Luft für den Fahrer allzu schnell knapp, was gemeinhin Bewußtlosigkeit zur Folge hat.

Die widerlichste Leseratte

Die wohl widerlichste Leseratte aller Zeiten lernte der Schweizer Uelli Mayr in einer Landgemeinde des Kantons Wallis kennen. Er wurde von einer fahrbaren Omnibus-Bibliothek überrollt und stöhnte naturgemäß vor Schmerzen. Ein im Bus befindlicher Leser hatte nichts Besseres zu tun, als mit einem mißbilligenden »Schscht!« das Fenster zuzuschieben.

Die erfolgloseste Brautwerbung

Der Lehrer Jonathan Taylor warb, wie der Londoner Times vom 16. Mai 1912 zu entnehmen ist, um eine gewisse Gwendolin aus Sussex. Als er zu schicklicher Stunde bei den Eltern der Auserwählten vorsprach, bat man den überaus aufgeregten Bewerber, er möge doch im Wohnraum Platz nehmen, bis auch die Tochter zugegen wäre. Beflissen folgte der Lehrer der Aufforderung und ließ sich auf dem, was er für die nächstbeste Sitzgelegenheit hielt, nieder. Leider war es der Pekineserhund der Familie, der dieses Erlebnis nicht überstand und mit einem tiefen Seufzer verschied. — Die beiden jungen Leute gingen später mit jeweils anderen Partnern eine Ehe ein.

Brennende Sehnsucht

Ihre Sehnsucht nach Männern in Uniform brachte das Kindermädchen Waltraut S. (22) ins Gefängnis. Immer wenn sie sich einsam fühlte, legte sie Feuer — und schaute

dann erfreut beim Löschen zu. Dies gestand sie jetzt der Polizei.
Mehrere Brände mit Millionenschäden konnten dadurch aufgeklärt werden. Als nämlich ihr eigenes Zimmer brannte, erinnerte sich ein Feuerwehrmann an sie — und ihr häufiges Erscheinen. Waltraut sitzt ziemlich fröhlich in U-Haft — denn nun ist sie umgeben von Männern in Uniform.

Liebeskummer

Den wohl gigantischsten Liebeskummer der neueren Zeit durchlebte, durchlitt und beschnitzte der Lemgoer Architekt und Bildhauer Karl Junker. Als der mit dem »Rom-Preis« ausgezeichnete Künstler aus Italien in seine Heimatstadt zurückkehrte, fühlte er sich zwar künstlerisch bereichert, zugleich aber auch seiner großen Liebe beraubt.
Sie hieß Charlotte, war lebenslustig und deshalb des Wartens leid geworden. Sie hatte sich einem netten, zudem begüterten Herrn aus Holland anvermählt und war diesem nach Amsterdam gefolgt. Der verlassene Karl wollte den herben Verlust nicht wahrhaben und lebte in steter Erwartung der Rückkunft seiner Geliebten. Mit ihr wollte er die so sehr ersehnte Familie gründen. Und damit es recht lauschig würde, begann er ein Einfamilienhaus unter Bäumen zu errichten.
Da Charlotte auf sich warten ließ, begann der treue Liebhaber das Haus vom Keller bis zum Ausgucktürmchen auf dem Dach zu beschnitzen. Er schreinerte und schnitzte Wände, Türen, Zimmerdecken, Treppengeländer, Tische, Bänke, Sofas, Stühle, Fensterrahmen, Klosetts, Schränke, Borte, Leuchter, Truhen und Kästen. Mit besonderer Inbrunst verzierte er Ehe- und Wochenbett, Kinderwiege, Kinderstühlchen, Kinderbett und das Scheißpöttchen.
Wände und Decken bemalte er mit endlosen Familienidyllen; und sich selbst stets als gütigen Vater in der Mitte. Das trieb er so über zwanzig Jahre.
Die vergötterte Charlotte jedoch ließ sich nimmermehr blicken. So starb Junker unbeweibt im Jahre 1912 an Herzversagen (um nicht zu sagen: an gebrochenem Herzen).
Das »Junker-Haus« zu Lemgo im Lipper Land steht noch und kann besichtigt werden.

Unterernährter Frauenfreund

Der erfolgloseste Liebhaber barocker Weiblichkeit war Paco Vila aus Palermo. Sein Traum waren dicke Engländerinnen. Um ihnen ebenbürtig zu sein, mußte er sich ziemlich ausstaffieren. Denn er selbst wog nur 44 Kilo.
Im Jahre 1977 wurde sein Problem öffentlich: Denn er wurde bewußtlos aus einer Diskothek getragen, nachdem eine der vollreifen Engländerinnen ihm zärtlich die Wange gestreichelt hatte. Nach einem temperamentvollen Rumba im schlechtgelüfteten Raum und der unverbindlichen Zärtlichkeit der Dame war er nämlich zusammengebrochen. Im Krankenhaus stellte man fest, daß er 17 Wollpullover übereinander getragen hatte.

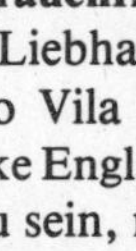

Der penetranteste Buchhalter

Eine erfolglose Verabredung traf 1978 Tom Horsley, ein 30jähriger Buchhalter aus San

José: Er lud Miss Chesselet zu einem gemeinsamen Abendessen ein.
Sie sagte in letzter Minute ab.
Daraufhin verklagte Mr. Horsley sie. Wegen Nichteinhaltung eines mündlichen Vertrages, der ein Abendessen und den Besuch des Musicals »Der Zauberer« beinhaltete.
Mr. Horsley, der 100 Meilen gereist war, um die Miss zu sehen, verlangte für seine zweistündige Fahrt von und nach San Francisco Schadenersatz von mindestens 16 DM die Stunde als öffentlicher Buchhalter und 25 Pfennig pro gefahrenen Kilometer. Seine Forderungen beliefen sich inclusive Schmerzensgeld auf 85 DM.
Als Miss Chesselet, 30jährige Kellnerin aus dem Vasuvio Café in San Francisco, vom Gericht vorgeladen wurde, meinte sie nur, dieser penetrante Buchhalter gehöre in Sicherungsverwahrung. Das Gericht stellte das Verfahren ein.

Der faulste Künstler
Einer der faulsten Künstler war Victor Hugo. Er schrieb wirklich nur zum Gelderwerb. Sein Verleger war offensichtlich genauso sparsam, wie uns ein überlieferter Briefverkehr gezeigt.
Victor Hugo wollte wissen, wie sich sein Roman »Les Miserables« verkauft.
Also schrieb er: »?«
Sein Verleger antwortete entsprechend: »!«

Das vernichtendste Urteil über Literatur
Zu erfolgreich in seinem Beruf als Antiquar war der Engländer Richard Booth. Als er es zu einem riesigen Bücherbestand von insgesamt 14 Kilometern Länge gebracht hatte, sah er sich gezwungen, seine Buchsammlung zu verramschen — als Heizmaterial. Das sei während der Energiekrise die beste Möglichkeit, sagte er. Was heute alles an Büchern erscheine, sei meist zum Lesen zu schade — aber zum Verbrennen gut genug.

Klassische Sammlung von Niederlagen
Besonderes Vergnügen bereitete es den Gebrüdern Grimm Niederlagen und menschliche Katastrophen — vorzugsweise mit tödlichem Ausgang — für die Nachwelt aufzubewahren. Hier eine kleine Auswahl:

1. Naive Riesen werden von hinterlistigem Schneiderlein geblufft und bringen sich gegenseitig um. (Das tapfere Schneiderlein)
2. und 3. Wolf überfrißt sich, schläft ein, kriegt den Bauch aufgeschnitten und mit Steinen gefüllt. Er stirbt an den Folgen des Engriffs. (Rotkäppchen/Der Wolf und die sieben Geislein)
4. Frau pokert zu hoch und landet im selben Pißpott, aus dem sie sich unter großen Anstrengungen herausgearbeitet hatte. (Von dem Fischer un syner Fru)
5. Alte Kräuterfrau wird von verhaltensgestörten Kindern in den Backofen gestoßen und verbrannt. (Hänsel und Gretel)
6. Antiautoritär erzogenes Mädchen wird von rigider Frau mit Pech übergossen und ist lebenslang entstellt. (Frau Holle)
7. Stolze junge Frau wird psychisch völlig fertig gemacht und im Zustand der Apathie verheiratet. (König Drosselbart)
8. Alternde Königin wird von unbedarftem Teenager ausgestochen, versucht sich zu

wehren und wird dafür zu Tode gefoltert. (Schneewittchen)
9. Kleinwüchsiger wird von Sicherheitsbeamten ausgeforscht und in den Selbstmord getrieben. (Rumpelstilzchen)
10. Sieben schwäbische Touristen werden heimtückisch in reißendes Wasser geleitet und ertrinken. (Die sieben Schwaben)
11. Hase wird Opfer eines betrügerischen Igel-Pärchens. (Hase und Igel)
12. Bewaffnete Terroristen nennen Besitzer eines im Wald gelegenen Ferienhauses rufmörderisch »Räuber« und vertreiben sie unter Anwendung von Gewalt aus dem Gebäude. (Die Bremer Stadtmusikanten)

Der beschissenste Marathon-Lauf

Den wohl beschissensten Lauf absolvierte Nina Kuscsik 1972 beim Boston Marathon. Etwa bei Kilometer 15 stellte sich bei der in aussichtsreicher Position dahineilenden Nina eine Darmverstimmung ein. Bei Kilometer 20 war die Läuferin nicht mehr dazu in der Lage, ihr inneres Drängen zu kontrollieren. Sie schiß in die Laufhose, und der Segen lief ihr die Beine hinunter. Dennoch gab sie nicht auf, obwohl das applaudierende Publikum abrupt verstummte, sobald es den Zustand der daherstürmenden Nina erkannte. Nina Kuscsik gewann die Frauenwertung; ein beschissener Lauf war es aber dennoch.

Maritime Niederlage

Der wohl peinlichste Vorfall für die Marine geschah im Jahre 1795 in Holland: Man führte damals Krieg gegen Frankreich. Der französische General Charles Pichegru war mit seinen berittenen Husaren auf dem Vormarsch gegen Amsterdam. Da entdeckte er die holländische Flotte — eingefroren im Eis vor der Insel Texel.
Er ließ seine Reiter über das Eis die Schiffe stürmen. Die holländischen Seeleute waren auf solchen Kampf nicht vorbereitet und verloren jämmerlich.

Der ungenaueste Wert von PI

(PI ist eine mathematische Konstante, die das Verhältnis des Umfangs des Kreises zu seinem Durchmesser angibt. Sie ist irrational und wird meistens bis zur dritten Dezimalstelle benutzt: 3,142.)
Im Jahre 1897 jedoch verabschiedete die Generalversammlung von Indiana ein Gesetz, nachdem der Wert von PI vier ist. Daher konnte man sichergehen, daß alle mathematischen und technischen Berechnungen in diesem Staate falsch sein würden. Es würde zum Beispiel bedeuten, daß eine Pendeluhr 15 Minuten pro Stunde vorgehen würde.

Das leidige Problem mit dem Treppenhauslicht, das immer dort leuchtet, wo man's nicht braucht, oder aber bei prächtiger Ausleuchtung der Stiege ein Wahnsinnsgeld kostet, wird durch Armand Murats steigende Lampe gelöst. Der Treppensteiger führt die Lichtquelle wie ein Hündchen an der Leine. Leser(in), begreifst Du, warum Du diese helle wie sparsame Beleuchtung in Deinem Haus noch nicht installiert hast?

DIETRICH
MASSIAS

Pathologische Niederlage

Wegen großer Geldnöte verkaufte Sören S. seinen Körper an das Carolin-Institut in Stockholm. Zu wissenschaftlichen Zwecken nach seinem Tode. Kurz darauf machte er aber eine interessante Erbschaft. Er versuchte daher, seinen Vertrag wieder rückgängig zu machen. Aber die Ärzte weigerten sich. Sogar einen Prozeß, den er anstrengte, verlor er. Ja — vor Gericht wurde er sogar noch bestraft: weil er sich ohne Erlaubnis der Ärzte zwei Zähne hatte ziehen lassen.
Die Schadenersatz-Summe betrug rund 200 Mark.

Die unglückseligste Untersuchungsmethode

Als Brandstiftung sah ein Gericht die Bemühungen eines Tierarztes an, eine kranke Kuh zu heilen.
Es war im Augut 1977, als ein niederländischer Tierarzt zu der Kuh eines Bauern gerufen wurde. Um die Darmgase zu untersuchen, führte der Arzt ein Röhrchen ein und hielt ein brennendes Streichholz an die Öffnung. Das Gas entzündete sich und entwickelte eine Stichflamme, die zunächst einige Strohballen entzündete und später den ganzen Hof.
Der Sachschaden belief sich auf rund 150000 Mark. Der Tierarzt wurde zu 900 Mark Strafe verurteilt.

Kunstfehler

Das schlechteste Hörgerät erhielt 1950 Walter Waiger aus Oberammergau. Gedacht war es als Hörhilfe für das linke Ohr. Bei einer laufenden Routine-Untersuchung stellte 1978 sein Arzt fest, daß Herr Waiger sehr viel besser ohne Hörgerät hören konnte.
Das bestätigte auch der Patient. Er habe das Gerät nie benutzt — nur zu Arztbesuchen.
Eine eingehende Diagnose zeigt folgenden Befund: 1950 hatte man diese Hörhilfe für sein linkes Ohr — statt für das rechte — gemacht.
20 Jahre war Herr Waiger bei zahlreichen Ohrenärzten in Behandlung. Es war keinem aufgefallen.

Die folgsamste Patientin

Der wohl vergeßlichste Arzt stammt aus Devon in England. Er empfahl einer Patientin im Jahre 1934, bei der er Grippe konstatierte, sie möge im Bett bleiben — was die Dame auch getreulich tat.
Und zwar 40 Jahre lang.
Der vergeßliche Arzt war längst gestorben, als einer seiner Kollegen davon hörte und die Dame aus ihrem Bett befreite.

Die erfolglosesten Krankenschwestern

Die erfolglosesten Krankenschwestern traf der Pensionär Harry L. auf einer Reise durch Südfrankreich. Im engen Autobus verlor er in der Mittagshitze das Bewußtsein. Worauf sich drei Krankenschwestern selbstlos zur Ersten Hilfe meldeten.
Sie hatten sogar Erfolg — denn der Pensionär erwachte sehr schnell aus seiner Bewußtlosigkeit.

Allerdings: die hilfreichen Schwestern hatten ihm bei den Wiederbelebungsversuchen eine Rippe gebrochen und schwere Quetschungen zugefügt.

Bazillendorado

Die größte Menge Bazillen, die sich je auf einem menschlichen Körper niedergelassen haben, mußte Mary Mallon aus New York ertragen.

Während einer Vorsorgeuntersuchung bei der Typhus-Epidemie 1903 hatte sie unter mindestens 130 Erkrankungen zu leiden, wie die Ärzte herausfanden.

Sie war im Lebensmittelhandel tätig und weigerte sich standhaft, einen anderen Beruf anzunehmen. Dennoch: 1915 zwang man sie, bis zu ihrem Tod im Jahre 1938 permanent in Quarantäne zu leben.

U-Boot unbekannter Nationalität

In einem mit militärischen Einrichtungen gespickten Fjord an der schwedischen Ostseeküste wurde von einem Beobachtungsposten im Frühsommer 1983 das Periskop eines unbekannten U-Boots gesichtet, das unbemerkt durch alle Radar- und Echolot-Kontrollen geschlüpft sein mußte. Die häufig von östlicher Spionage heimgesuchte Königlich Schwedische Marine schickte unverzüglich mehrere Kriegsschiffe aus, um das unerlaubt in schwedische Hoheitsgewässer eingedrungene Objekt zu stellen. Der Fjord wurde abgeriegelt, und die Jagd begann. Sie währte zehn Tage und versetzte ganz Schweden in Aufregung. Verschiedentlich konnte das Periskop von den Suchschiffen ausgemacht werden, ohne daß es gelang, des mutmaßlichen Feindaufklärers habhaft zu werden. Am Morgen des elften Tages nahm der Spuk sein Ende. Eines der Patrouillenboote fischte ein einseitig geschlossenes und beschwertes Plastikrohr aus der kippligen See, das einem Periskop täuschend ähnlich sah. — Der offizielle Marinesprecher zeigte wenig Verständnis für den »üblen Scherz eines Unbekannten«.

Diese sinnreich ausgetüftelte Lohnauszahlungsmaschine brachte ihrem Erfinder nicht den erhofften Lohn. Sie konnte den Arbeitnehmern nur Münzen aushändigen. Die Arbeiter mochten sich aber Ende des letzten Jahrhunderts mit kleiner Münze nicht mehr zufriedengeben. Sie organisierten sich und verlangten von den Fabrikherren Scheine. Wir können deshalb den enttäuschten Erfinder mit Fug und Recht als Opfer der Arbeiterbewegung bezeichnen.

Die schmerzlichste militärische Niederlage

Die schmerzlichste Niederlage aller Zeiten erlitt das lybische Heer im Jahre 1300 vor Christus. Bei kriegerischen Auseinandersetzungen mit der Armee des ägyptischen Pharaos Menephta wurden 6 Generale und 6359 lybische Soldaten kastriert. In konserviertem Zustand ließ der Pharao die reiche Beute nach Karnak bringen, um den Daheimgebliebenen zu beweisen, daß es sich um ganze Männer handelte, die da vernichtend geschlagen worden waren. Bildhauer des Herrschers mußten die Großtat in Wort, Zahl und Bild auf einem Monument einmeißeln, das noch heute besichtigt werden kann.

Niedriger IQ

Überrascht reagierte der Verleger von Ladybird Books, als er vom Verteidigungsministerium eine Bestellung über mehrere hundert Exemplare des Werks »How Computers Work« erhielt. Er ließ die Militärverwaltung wissen, das Buch sei für Acht- bis Neunjährige gedacht. Das Ministerium, das die Intelligenz seines Personals anders einschätzte als der Verleger, ließ sich durch dessen Einwand nicht beirren und bestand auf Lieferung der Bücher für kindliche Gemüter.

Die lächerlichste Maus

Unter dem Namen »Maus« entwickelten deutsche Militärtechniker während des zweiten Weltkriegs einen Superpanzer. Geleitet wurde das Projekt von Dr. Porsche, dem Vater des Volkswagens. Die Maus war ein richtiggehendes Schlachtschiff zu Lande. Über 15 Meter lang, wurde es von einem 1500-PS-Motor angetrieben, hatte gewaltige Feuerkraft, konnte sich unter Wasser bewegen und war so stark armiert, daß es dem Angriff eines jeden anderen Panzers widerstehen konnte.

Nur einen Nachteil hatte die Maus. Sie wog 180 Tonnen. Als man sie testete, demolierte sie die Straßen bis zur Unpassierbarkeit, sie löste derart heftige Vibrationen aus, daß Häuser Risse bekamen und Fenster barsten; und wenn sie ins Gelände geschickt wurde, sank sie so tief ein, daß sie manövrierunfähig stecken blieb.

Das war das Ende dieser lächerlichen Riesenmaus.

Der unfähigste Taktiker

Der unfähigste Taktiker war General Antonio López de Santa Anna, der während des mexikanisch-amerikanischen Krieges alle Schlachten verlor.

Einmal hatte er eine besonders interessante Idee: Für einen Überraschungsangriff ließ er seine Truppen die Uniform des Gegners tragen. Es entstand ein unglaubliches Chaos, aus dem wieder einmal der Gegner als Sieger hervorging.

Eine eindeutig auf die hierarchischen Bedürfnisse des Militärs ausgerichtete Erfindung aus dem Jahre 1894: Der Offizier hoch zu Roß, die Gemeinen auf den Drahteseln. Vielleicht setzt sich die Erfindung bei der nächsten Ölkrise doch noch durch.

Militär

Langsamer Gutachter

Einer der langsamsten Waffenexperten wurde während des Zweiten Weltkrieges vom OKW der Deutschen Wehrmacht beauftragt, eine von den Franzosen neu entwickelte Richelieu-Kanone zu untersuchen. Das war 1940. Im April 1944 endlich übergab er ein dickes Dossier, das jeden Aspekt der neuen Waffe ausführlich behandelte.

Nur zum Schluß wies er darauf hin, daß diese Waffe nicht mehr eingesetzt werden könne — er habe nämlich während der vierjährigen Forschungstätigkeit alle Munition verbraucht.

Der unfähigste General

Als der unfähigste General gilt Ambrose Everett Burnside. Während des amerikanischen Bürgerkrieges gelangen ihm fast nur Niederlagen. So ließ er einmal alle seine Soldaten einzeln hintereinander über eine Brücke marschieren, die unter feindlichem Beschuß stand.

Nachdem er so seine Truppen verloren hatte, erfuhr er, daß der Fluß nur hüfthoch war und ohne Gefahr hätte durchquert werden können.

Erfolglose Abrüstungskonferenz

Die erste folgenlose Abrüstungskonferenz fand im Jahre 1139 statt.

In ihr vereinbarten alle beteiligten Länder, die Armbrust als »mörderiche Waffe« nicht mehr herzustellen und zu gebrauchen.

Lange Leitung

Der erfolgloseste Versuch, ein feindliches Flugzeug abzuschießen, ereignete sich 1943 auf einem englischen Militärflughafen.

Zur allgemeinen Überraschung landete nämlich ein deutscher Bomber mitten in der Nacht. Das Bodenpersonal raste los, um eine Flugabwehrkanone auf die Maschine zu richten, während ein Flieger fieberhaft das Feldtelefon bekurbelte, um die Abschußerlaubnis zu erhalten.

Als die Leitung zur Kommandantur endlich zustande gekommen war, merkte der deutsche Bomberpilot, daß er falsch gelandet war und startete erfolgreich durch.

Als die Schußerlaubnis kam, war er bereits von der Kanone nicht mehr erreichbar.

Lästige Gleichberechtigung

Gleichberechtigung wollte Generalleutnant Julius Wesley Becton, 54, kommandierender General des VII. Korps der US-Streitkräfte in Deutschland, den weiblichen Armee-Angehörigen verschaffen. Ab August 1980 wohnten daher Soldaten und Soldatinnen zusammen, benutzten gleiche Duschen, Toiletten und Waschbecken.

Anfängliche Begeisterung wich bald dem großen Verlangen nach einer Intimsphäre: Männliche Soldaten störte es, daß Frauen ihre Haare im Waschbecken waschen. Frauen beklagten sich über die gehässigen Bemerkungen, wenn sie in Bademänteln in die Waschräume schlurften.

Nach sieben Monaten und unzähligen Klagen der Frauen über »körperliche Annäherung« und einer Klage eines männlichen Soldaten wegen »unsittlicher Berührung durch

einen weiblichen Vorgesetzten« wurde das Experiment abgebrochen.
Soldaten und Soldatinnen sind wieder getrennt.

Code für Atomwaffen geknackt
Auf die Geheimhaltung der wissenschaftlichen Daten des Forschungsinstituts für Atomwaffen in Milwaukee legten die amerikanischen Militärs großen Wert. Topsecret! Alle Informationen liefen unter Geheimcode. Zugang nur für Eingeweihte. Dies funktionierte, bis sich zehn neugierige Jungamerikaner zwischen 15 und 22 mit ihrem Heimcomputer über Telefonleitung ins Datensystem der Atomraketentüftler einschlichen. Die Hobby-Elektroniker holten sich fleißig Nachrichten aus der geheimen Datenbank und überspielten sogar ganze Programme in ihren Rechner. »Die Sicherungssperren waren absolut lächerlich. Man braucht nicht mal viel Intelligenz, um sie zu knacken«, ließen die zehn Youngsters süffisant den Eierköpfen im Pentagon bestellen.

De untauglichste Panzer
»Der XM-1 ist der beste Panzer, der je gebaut wurde«, prahlte Percy Pierre, Forschungschef der US-Army im Pentagon.
Doch schon bei der Taufe des Panzers ließ sich der sechzig Tonnen schwere Koloß nur im Rückwärtsgang bewegen.
Zwar wurde das noch als Kinderkrankheit abgetan, aber bald schon stellte sich heraus,

daß der XM-1 auf sandigem Gelände gern seine Ketten abwarf. Und für seinen Gasturbinenantrieb mußte man Zusatztanks einbauen, weil er rund 1/3 mehr Kraftstoff verbraucht als ein normaler Dieselmotor. Diese Reservetanks sind ungeschützt auf dem Heck montiert. Schwerer noch wiegt: Zwischen Panzerrumpf und Panzerturm klafft eine richtige Geschoßfalle.
Trotzdem wird der XM-1 weiter gebaut. Er ist das einzige Fahrzeug, das die Chrysler Corporation ohne Verlust baut.

Der miserabelste Kamikaze-Pilot
Die größte und einzige Niederlage eines Kamikaze-Fliegers erlebte im April 1945 Haruo Hirota — er überlebte nämlich. Es gelang ihm nicht, mit seinem mit Dynamit beladenen Flugzeug den anvisierten Flugzeugträger zu treffen. Er raste ins Wasser und wurde gefangengenommen. Heute lebt er als Koch in Washington.

Der standhafteste Soldat
Der standhafteste Soldat des Zweiten Weltkriegs, Leutnant Hiroo Onoda von der japanischen Armee, kämpfte bis 10. März 1974. Regelmäßig verließ er den Dschungel seiner einsamen Insel auf den Philippinen und gab einen einzelnen Schuß im Namen des Kaisers Hirohito ab. Schon 1945 wurden Flugblätter mit der Aufforderung »Kehr heim« abgeworfen, die er aber ignorierte, da er sie für ei-

nen Trick der Amerikaner hielt. Nachdem er 1974 gefunden wurde, dauerte es noch sechs Monate, bis man ihn endlich vom Ende des Krieges überzeugt hatte.

Der erfolgloseste Luftangriff

Der erfolgloseste Luftangriff fand bei der Luftwaffenwoche 1975 in Peru statt. 30 peruanische Kampfflugzeuge sollten einen Übungsangriff auf 14 alte Fischerboote vorführen.

Mühsam wurden die 14 Schrottkähne aufs offene Meer geschleppt und als Ziele zurückgelassen. 15 Minuten lang dauerte der Angriff der peruanischen Air-Force mit schweren Bordwaffen. Als sich die Wasserfontänen verzogen hatten, war kein einziges Fischerboot getroffen worden. Aus Kostengründen ließ man einen zweiten Angriffsflug ausfallen und schleppte die Kähne zurück.

Irrtümlicher Erfolg

Einen erfolgreichen Angriff auf zwei Zerstörer machte 1944 ein deutscher Jagdflieger vor Borkum. Er beschädigte beide Schiffe schwer und zwang sie zum Abdrehen.

Der Erfolg stellte sich als Mißerfolg heraus, als man erkannte, daß es sich um die beiden deutschen Zerstörer Leberecht Maaß und Max Schulze handelte.

Orientierung verloren

Die Seeleute des Küstenmotorschiffes »Isabelle« winkten dem Senkrechtstarter vom Typ »Harrier« vergnügt zu, als dieser sie mehrmals umkreiste. Die gute Laune verging ihnen allerdings schlagartig. Denn plötzlich setzte das Flugzeug zur Landung an und knallte unsanft auf das Deck. »Ich dachte, mein Schiff bricht auseinander«, stöhnte Kapitän Vittorio Suso.

Zu allem Überfluß verlor die »Harrier« auch noch eine Bombe, die bis zur Reling kullerte. Der Maschine entstieg der verdatterte Royal-Air-Force-Pilot Ian Watson. Erst hatte er seinen Flugzeugträger verloren und dann war ihm der Sprit ausgegangen und die den Spaniern zustehende Bergungsprämie von einer Million Pfund Sterling wird Watson der Army wohl Zeit seines Lebens nicht zurückzahlen können.

Das unsicherste Museum

Als das »unsicherste Museum der Welt« gilt das nationale Museum für Archäologie und Anthropologie in Lima (Peru).

Allein im Jahre 1979 waren dort über 3000 kleinere goldene Ausstellungsstücke gestohlen worden. Im November 1981 gelang es Einbrechern, 34 mehr als 1200 Jahre alte Kultgegenstände im Werte von 12,5 Millionen Mark zu rauben. Die Einbrecher hatten die Wachhunde mit gebratenen Hähnchen beschwichtigt und trotz eingeschalteter Alarmanlage zwei Stunden Zeit gehabt, die besten Stücke auszuwählen.

Kurz nach diesem Raub brach eine Wasserleitung und zerstörte in den unteren Räumen Mumien aus der Vor-Inka-Zeit.

Der Präsident Perus bezeichete die Vorfälle als eine »Beleidigung der Nation«.

Peinliche Münze

Eine Falschdatierung erster Güte war im Oktober 1971 in einem britischen Museum entdeckt worden. Das ausgestellte Objekt war als römische »Sesterius«-Münze bezeichnet worden, geprägt zwischen 138 und 135 vor unserer Zeitrechnung. Die neunjährige Fiona Gardon wies eines Tages darauf hin, daß es sich um eine Plastikmünze handele, die von Mineralwasserfirmen gegen Flaschenetiketten verschenkt werden.
Ein Sprecher des Museums sagte: »Das Problem war, daß wir den Buchstaben R für Roma hielten. In der Tat steht aber der Buchstabe R für Robinsons, eine Mineralwasserfirma.«

Das miserabelste Orchester

Als schlechtestes Orchester, das jemals öffentlich aufgetreten ist, gilt die »Portsmouth Symphonia«. Als sie 1970 gegründet wurde, hatten zwei Drittel der Mitglieder noch nie ein Instrument in der Hand gehabt. Ungerührt von vorgeschriebenen Tempi spielt das Orchester die schwierigsten Werke frisch von der Leber weg, die Musiker einigten sich lediglich über Beginn und Ende eines Stückes. Die daraus entstehende Kakophonie wurde zu einem großen Hit, und es dauerte nicht lange, bis das Orchester zwei Langspielplatten aufgenommen hatte.

Pianistische Niederlage

Eine pianistische Niederlage erlebte ein hoffnungsvoller Musiker in Mombasa. Er war zu einem Klavierkonzert vom Bao-Bab-Hotel eingeladen worden.
Es war das erste Konzert dieser Art; man besorgte also einen Flügel, stimmte ihn und ölte auf der glatten Bühne alles, was nur zu ölen wer.
Das brachte den Pianisten beim Konzert in Verlegenheit: denn bei kraftvollen Passagen drehte er sich schwungvoll auf dem geölten Klavierhocker und starrte dann verdutzt ins Publikum.
Bei einem besonders temperamentvollen Stück geriet der ganze Flügel in Fahrt und stieß krachend in die Blumenrabatte.
Der Pianist, so um seinen wohlverdienten Applaus gebracht, war nur mit roher körperlicher Gewalt davon abzuhalten, den Flügel mittels einer Axt in kleine Teile zu zerlegen.

Rosenthal-Debakel

Eine gesangliche Niederlage seiner Partei erlitt der Porzellanfabrikant Philipp Rosenthal.
Bei einer Versammlung der SPD in Bayern, in Anwesenheit von hoher Prominenz, veranlaßte er — nach dem Absingen der Nationalhymne — die Kapelle, das Traditionslied »Brüder zur Sonne, zur Freiheit« anzustimmen.
Es gelang den bayerischen Musikern auch, einigermaßen die Tonfolge des Liedes zu erreichen — mit dem Gesang allerdings klappte es überhaupt nicht: Rosenthal war der einzige, dem der Text geläufig war.

Der unfähigste Dirigent

Einer der größten Versager am Taktstock war der Dirigent José Serebier. Er schaffte es, sich bei einem Konzert in Mexiko City 1975 den Taktstock in die Hand zu rammen. Er mußte ins Krankenhaus.

Die miserabelste Konzertsängerin

Ein besonderes Denkmal in diesem wunderbaren (?!) Lexikon verdient zweifellos der Welt miserabelste Konzertsängerin Mrs. Florence Foster Jenkins. Sie sang die großen Opern-Arien auf unverwechselbare Weise falsch und bereitete ihrem Publikum unendlich Vergnügen damit.

Diese außerordentliche und weise Dame hielt Maß mit ihren Auftritten. Nur einmal im Jahr gastierte sie in New York. Es war eine große Gunst für die Auserwählten — vorzugsweise waghalsige Opernkenner — ihrer Soiree im Ritz-Carlton beiwohnen zu dürfen.

Die erhebende Wirkung ihrer Sangeskunst sprach sich in Musikkreisen herum, so daß es für leidenschaftliche Opernfreunde immer schwieriger wurde, an ein Eintrittsbillett heranzukommen. Dies bekümmerte die sozial eingestellte Sopranistin, weil sie es nicht ertragen mochte, daß aufrichtige Musikenthusiasten ihrer entraten mußten. So wagte sie am 25. Oktober 1944 den großen Schritt: sie verließ die Plüsch-Atmosphäre das Grand Hotels und nahm es mit der Carnegie-Hall auf.

Das Konzert war ein Riesenspektakel. Wie nicht anders zu erwarten, saßen eine Menge Leute unter der riesigen Zuhörerschaft, die sich nicht zu beherrschen wußten und den Ernst der Lage nicht erkannten. So brandeten im Verlauf des denkwürdigen Abends verschiedentlich Wogen mehr oder weniger unterdrückten Gelächters gegen die erhöhte Bühne, auf der Mistress Florence Foster Jenkins sich mit Hingabe dem noch viel höheren »C« widmete. Die Legende behauptet, die Künstlerin sei wenige Tage nach der Darbietung an gebrochenem Herzen gestorben.

Die historische Wahrheit ist eine andere: Madama Jenkins starb glücklichen Herzens im fast schon gesegneten Alter von 76 Jahren. Ihr Vater war ein steinreicher Bankier, der sie zwar in keiner Weise in ihren künstlerischen Ambitionen bestärkte, ihr andererseits aber ein enormes Vermögen hinterließ. So konnte sich Florence ganz der Musik widmen.

Sie gründete einen Verdi-Club, der alljährlich — sinnreich — den »Ball der Silberlerchen« veranstaltete. In dieser Gemeinschaft Gleichgesinnter entfaltete sich Florences Schaffensdrang aufs allerschönste. Sie trug eigene Kompositionen wie »Vogelgezwitscher« vor, und sie trat in wundersamen, selbst entworfenen Kostümen auf. Besonders beliebt bei ihren Bewunderern waren die gewaltigen Engelsflügel, die sie bei ihrer Interpretation des »Ave Maria« anzulegen pflegte.

Madame Jenkins gab dem Publikum viele Rätsel auf. Es waren vor allem ernsthafte, humorlose Leute, die sich von ihr verscheißert fühlten, oder sich über die vermeintliche Arroganz ärgerten, mit der diese phänomenale Frau mit der unmöglichen Auffassung von Intonation und Rhythmus vor die Öffentlichkeit trat. Doch diese Einschätzung ist so falsch wie Florence sang. Sie liebte jeden Ton, der ihrer Kehle entströmte; sie wurde vom ernsten Glauben an die Kunst beseelt.

Überheblichkeit lag ihr fern. Ihr Herz schlug für die Armen. Als Beispiel mag gelten, daß sie einen Taxifahrer, der sie 1953 in einen Unfall verwickelte, damit tröstete, daß sie infolge der Verletzung das »f« noch höher singen könne als zuvor. Anstatt den Mann in Bedrängnis zu bringen, schenkte sie ihm eine Kiste Zigarren.

Von der begnadetsten unter den miserablen Sängerinnen sind einige Kostbarkeiten auf Schallplatte erhalten. 1962 bei RCA erschienen, ist die LP längst vergriffen. Wir alle: die Millionen (!) Freunde dieses Lexikons, der Drucker, der Verleger und der Autor, fordern RCA dazu auf, dieses mißglückteste Werk der E-Musik neu zu pressen. Wird's bald?!

Musik

Das blamabelste Chortreffen

Bei einem geplanten Wettsingen von verschiedenen Chören kam es in England zu einem blamablen Ausgang: nur ein einziger Chor nahm daran teil.

Da die Veranstaltung aber lange im voraus geplant war, wollte niemand absagen. Der einzige Chor sang — und erhielt trotzdem nur den zweiten Platz.

Begründung der Preisrichter: Ein erster Platz hätte nicht vergeben werden können, da der einzige Chor sich bei seinem Auftritt um 45 Minuten verspätet hatte.

Die Pianistenmisere unserer Tage wundert überhaupt nicht. Die Vorzüge des von Atkins 1881 entwickelten Fingerlifts will eben keiner wahrhaben. Unsauberer Anschlag, Sehnenscheidenentzündungen etc. sind die Folge. Traurig, traurig — wie fast alles auf dieser eigentümlich runden Erde.

Der erfolgloseste Sänger

Der erfolgloseste Sänger beim europäischen Schlagerfestival war ein norwegischer Popsänger, der für sein tristes Lied »Mile after Mile« keinen einzigen Punkt erhielt.

Dennoch: Am nächsten Tag berichteten alle Zeitungen über ihn statt über den eigentlichen Gewinner.

Karajan die Extrawurst weggenommen

Der rüstigste aller Musikgreise, Herbert von Karajan, liebt nicht nur die Musik, sondern auch schnelle Flugzeuge, rasante Autos und ganz besonders seine Privilegien. Eines dieser Sonderrechte setzte er vor Jahren in Salzburg durch. Vor den Aufführungen, so bedeutete er dem damaligen Verkehrsdezernenten, müsse er zu Hause die Partituren studieren und dann »wegen der Konzentration« so schnell wie möglich zum Dirigentenpult eilen. Also erhielt er die Sondererlaubnis, Busspuren zu benutzen und Fußgängerzonen zu befahren. Von diesem Recht machte der Maestro heftigst Gebrauch, denn Tempo bedeutet ihm Hochgenuß.

Plötzlich kommt da ein neuer Verkehrsdezernent, der auf den Namen Johannes Voggenhuber hört, und sagt, es ist Schluß mit der Raserei zum Festspielhaus. Und als der Meister allegro furioso auf seine »Konzentration« pocht, läßt ihm der Voggenhuber ausrichten, er, Karajan, sei lange genug »im Dirigiergeschäft, um seine Partituren auch so ganz gut zu beherrschen«. Im Fernsehen kokettiere er sogar unübersehbar damit, ganze Zyklen auswendig zu dirigieren. Weg war die Extrawurst des Stardirigenten! — Eigentlich Pein genug für den allürenreichen Herrn. Aber es kam noch schlimmer: Die »undankbaren Salzburger« applaudierten dem Voggenhuber und schlugen sich kein bißchen auf die Seite Karajans, was dieser, wie Kenner wissen, niemals verwinden wird.

Penetrante Stillerin

Zu einem absoluten Lustmolch wollte eine 30jährige Lehrerin aus Hannover ihren Sohn heranzüchten. Sie beantragte bei der Schulbehörde tägliche Freistunden, um ihren dreijährigen Sohn während der Schulzeit stillen zu können. Damit nicht genug: vorsorglich ließ sie gleich wissen, daß sie den kleinen Genüßling bis zu seinem sechsten Lebensjahr zu säugen gedenke.

Soviel Schlappschlapp war dem Oberverwaltungsgericht in Lüneburg — bei aller Familienfreundlichkeit — nun doch zuviel. Es meinte, der junge Herr könne die paar Stündchen, die Mama in der Schule verbringt, auch ohne Schnullibrust ertragen. Die unermüdliche Stillerin mußte daraufhin die Öffnungszeiten ihres Milchgeschäfts auf außerschulische Stunden verlegen.

Die erfolgloseste Verlockung

Nachdem alle Wissenschaftler bei der Suche nach Nessie, dem vermeintlichen Ungeheuer von Loch Ness, versagt hatten, versuchten es 1975 einige Feuerwehrmänner mit List.

Sie bauten aus Pappe ein 30 Meter langes Ungeheuer mit deutlich weiblichen Formen.

Dazu Augenwimpern, einen Außenbordmotor und Brunftschreie vom Tonband.
Insgesamt legte das Pappmonsterweib 15 Seemeilen auf Loch Ness zurück — aber kein männliches Ungeheuer ließ sich blicken.
Als Gründe nannten die Feuerwehrmänner später folgende Ursachen: Als Brunftschrei hatten sie die Liebeslaute eines Walroß-Bullen verwandt — und der kann Nessie nicht interessiert haben. Zudem fiel der Motor mehrmals aus, und auch die Stabilität ließ zu wünschen übrig — so daß der weibliche Lockvogel kein allzu attraktives Bild abgab.

Opernhafte Niederlagen
Opernhaft ist die Niederlage, die man in Frankfurt nach Eröffnung der Alten Oper (Palazzo Prozzi) 1981 hinnehmen mußte. Trotz der exorbitant hohen Baukosten, trotz eines General-Managers, der sich der »absoluten Perfektion« verschrieb, stellten sich schon im ersten Monat nach der Eröffnung folgende Mängel heraus:
Die 80 Klemmzylinder der hydraulischen Bühne mußten ausgewechselt werden, weil sie zu laut rumpelten.
Generell mußte die Schalldämpfung überprüft werden, weil während der Konzerte Küchengeräusche (klappernde Teller und Kellnerflüche) die Zuhörer verwirrten.
Nachträglich wurden schalldichte Türen eingebaut, die man vergessen hatte.
Schalldicht mußten die Konzertsäle voneinander abgedichtet werden, damit nicht Mozart-Fans unter den dumpfen Schlägen des Rock-Bassisten im Nebensaal zu leiden haben.
Die Klimaanlage mußte erneuert werden, weil sie entweder zu warm — oder zu kalt —, in jedem Fall aber zu laut arbeitete.
Die Bestuhlung war zu überprüfen: Auf 720 Plätzen in der 7.—24. Parkettreihe waren nämlich beim Ballett die Beine der Tänzer nicht zu sehen.
Und in einem der Konzertsäle steht ein Flügel auf der Hubbühne, der nie mehr zu entfernen ist, weil die Tür nachträglich verkleinert wurde.

Versandfehler
Ein exquisites Requisiten-Versagen erlaubte sich eine renommierte Londoner Firma, die zur Premiere der Bayreuther Festspiele einen Stoffdrachen angefertigt hatte.
Kopf und Rumpf des Untieres kamen rechtzeitig auf dem grünen Hügel an — nach dem langen Hals suchte man vergeblich.
Wie sich herausstellte, hatte man ihn statt nach Bayreuth — nach Beirut geschickt.

Unerhört
Während des Konklaves, in dessen Verlauf er zum Papst gewählt wurde, begab sich Karol Wojtyla zum Wallfahrtsort Mentorella. Nachdem er sein Gebet beendet hatte, wollte er rasch zurück zum Vatikan fahren. Doch der Herr war nicht mit ihm. Wojtylas Auto streikte.
Der Kardinal aber schickte sich in seine Niederlage, behielt sein Gottvertrauen und wandte sich der Straße zu. Er postierte sich

am Wegesrand und hob eifrig den Daumen. Ein Kleinbus-Fahrer nahm ihn per Anhalter mit und lieferte ihn rechtzeitig zur Papstwahl ab.

Die Schildbürger von Frankfurt

Damit sich Frankfurts »Gut' Stubb« adrett und dekorativ ausmacht, sollen Stadtstreicher, die in der aufwendig ausgestatteten Fußgängerzone schlafend oder Wermut trinkend angetroffen werden, bestraft und aus der Innenstadt vertrieben werden, das ist der Wille des klugen Magistrats. Auf daß den Pennern der Ernst der Lage recht deutlich würde, beschlossen die Ratsherren, Bußgeldbescheide bis zu einer Höhe von 1000 DM zu verhängen. Da es sich aber bei den mutmaßlichen Empfängern um obdachlose Mitbürger handelt, steht die Justizbehörde ratlos vor dem Problem, wie sie die Bescheide ordnungsgemäß zustellen soll.

Die erfolgloseste Manipulation

Die erfolgloseste Pferdewette erreichte Mr. Horatio Bottomley, englischer Politiker und Pferdebesitzer. Er wollte gewinnen, deshalb kaufte er vor dem Rennen in Blankenberge, Belgien, alle am Start befindlichen Pferde auf. Dann kaufte er sich sechs englische Jockeys, die instruiert wurden, in welcher Reihenfolge sie durch das Ziel zu gehen hätten. Als letzte Vorsichtsmaßregel und um nichts dem Zufall zu überlassen, sattelte er selbst die Pferde.

Bis zur Hälfte des Rennens lief alles glatt, bis plötzlich ein dichter Nebel, von der Küste kommend, die ganze Rennbahn einhüllte. Die Jockeys konnten sich gegenseitig nicht ausmachen, und die Schiedsrichter konnten die Pferde nicht mehr sehen. Die Pferde, die trotz des dichten Nebels das Ziel erreichten, taten dies natürlich nicht mehr in der abgesprochenen Reihenfolge.

Mr. Bottomley verlor sein Glück und sein Vermögen.

Ungeduldiger Picknicker

In seinem alten 2 CV ärgerte sich Joseph Jouan (64) aus Nanterre über den Lastwagen, der ihn nicht überholen ließ.

Bis er eine Parkbucht rechts an der Straße sah. Mit Vollgas preschte er mitten durch eine Picknick-Gesellschaft.

Joseph und sein 2 CV schafften es mit letzter Kraft, vor dem Lkw wieder auf die Landstraße einzubiegen. Er hatte es so eilig, weil er noch rechtzeitig zu einem Picknick bei Freunden erscheinen wollte. Er kam auch pünktlich, mußte allerdings das Picknick frühzeitig verlassen: Die Polizei war ihm auf der Spur. Denn die Gäste des ersten Picknicks hatten ihn angezeigt: wegen Zerstörung eines Picknicks.

Allzuspäter Posteingang

Außenhandelsminister Li Tschian erhielt im Jahre 1978 ein Schreiben der englischen Königin Elisabeth I. Es war ein wenig altmodisch aufgemacht, aber gegen den Inhalt war nichts einzuwenden: Sie fand, daß man die Kaufleute beider Kontinente gut behandeln solle, um so den Warenaustausch zu fördern.

Das einzig Interessante an dem Schreiben war das Datum: Der Brief war vor 384 Jahren an den Kaiser Wan Li aufgegeben worden. Leider waren die beiden Kaufleute, die den Brief überbringen wollten, nicht so richtig behandelt worden: Auf dem Weg waren sie eines »unnatürlichen Todes« gestorben.

Posthume Niederlagen

Hans Herbert Karry, der vor seiner Ermordung durch Unbekannte Schatzmeister der F.D.P. war, mußte sich posthum allerlei Unregelmäßigkeiten andichten lassen. Sobald in Zusammenhang mit Parteispenden Otto Graf Lambsdorff und andere FDP-Großkopferten ins Zwielicht gerieten, behaupteten sie, das entgegengenommene Geld habe Karry erhalten. Da die Spendenbeträge nie in dessen Unterlagen auftauchten und er selbst zu einer klärenden Auskunft nicht mehr gehört werden konnte, wurde sein seliges Angedenken erheblich strapaziert, was dem ehedem festfrohen und leutseligen Karry im Jenseits vermutlich aber vollkommen schnurz sein wird.

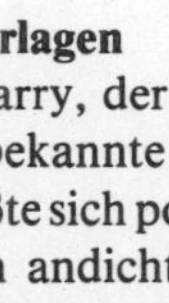

Politik

Die bitterste Niederlage des deutschen Volkes

Laut Selbstauskunft im Fragebogen des FAZ-Magazins wollte Helmut Kohl Bauer werden. Leider ist er nur Bundeskanzler geworden.

Dieses Patent, Leser(in), ist längst erloschen. Fabrizieren sie also vollkommen honorarfrei ihren eigenen Regen: Kupferdraht und Dynamit mit Ballon in Wolke schweben lassen, zünden — schon prasseln die Tropfen auf Dein Rasenstück. Wie und wo der Erfinder Daniel Ruggles endete, vermag niemand zu sagen. Er befand sich ständig auf der Flucht vor erbosten Hinterbliebenen, deren Angehörige bei der Nutzung des Rugglesschen Patentes den Tod fanden.

Politik

Die langweiligsten Reden
Eine der langweiligsten und längsten Reden im Parlament hielt der amerikanische Senator Wayne Morse mit 22 Stunden und 26 Minuten über das Tideland-Öl. Übertroffen wurde er von Kilmer Gorbin, der es zum Thema der finanziellen Begünstigung bei Wasserobjekten auf 28 Stunden und 15 Minuten vor dem Parlament brachte.
Die rhetorische Krone gebührt aber zweifellos Ralph Gasque aus South Carolina, der am 3. April 1963 über die Begleichung seiner Rechnung für Brillengläser das Parlament ungeheuer langweilte: 38 Stunden und 20 Minuten lang.

Der penetranteste Verlierer
Der penetranteste Verlierer der deutschen Politik heißt Hans Jochen Vogel. Der ehemalige Oberbürgermeister von München wurde zunächst von seinen sozialdemokratischen Parteigenossen aus Bayern vergrault, weil sie ihn nicht ausstehen konnten. Als Justizminister der sozialliberalen Koalition klebte er aber weiterhin an der Position des bayerischen Spitzenkandidaten für Bundestagswahlen. Gegen seinen Widersacher Franz Josef Strauß verlor Vogel von Mal zu Mal höher. Fürs Verlieren prädestiniert schickte die Partei den oberlehrerhaften Minister 1981 nach Berlin, wo es gerade Senatswahlen zu verlieren gab. Vogel erfüllte die in ihn gesetzten Erwartungen und entblödete sich nicht, anderthalb Jahre später als Kanzlerkandidat gegen Helmut Kohl anzutreten. Prompt verlor er die Wahl und wurde der langweiligste Oppositionsführer, den die Welt je gesehen hat. Es steht zu vermuten, daß dieser penetrante Verlierer die deutsche Öffentlichkeit noch geraume Zeit mit seinem sauren Gesicht anöden wird.

Die unbeliebtesten Politiker
Die unbeliebtesten Politiker sind uns nur aus England bekannt. Der Kandidat der Liberalen im Jahr 1832, Lord Garvagh, erhielt bei den Parlamentswahlen keine einzige Stimme.
1842 gelang zwei Mitgliedern der Charisten-Partei erneut dieser Rekord. Und 1848 ereilte das dritte Mitglied dieser Partei dasselbe Schicksal — seither gibt es keine Charisten mehr.
Dem konservativen Vicomte Lascelles gelang es 1847 ebenfalls, keine Stimme für sich zu gewinnen, und die Liberalen hatten mit Mr. Brown im Jahre 1859 kein Glück.
Der letzte Politiker, der keine Stimme errang, war Mr. Lees im Jahre 1860. Seither wurde es gestattet, für sich selbst zu stimmen. Und seither hat jeder Politiker immer mindestens eine Stimme.

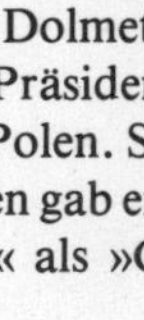

Der miserabelste Dolmetscher
Der miserabelste Dolmetscher begleitete den amerikanischen Präsidenten Carter auf dessen Reise durch Polen. Schon auf dem Warschauer Flughafen gab er Carters »Wünsche für die Zukunft« als »Gelüste auf die Zukunft« wieder.
Bei einem kurzen Statement zum Flug von Washington nach Warschau überraschte er

die polnischen Gastgeber mit der Meldung, daß der Präsident nicht mehr nach Amerika zurückzukehren gedenke.

Der kriegerischste Staat

Zwei Weltkriege gleichzeitig führte Andorra. Denn als am Ende des Ersten Weltkrieges der Friedensvertrag von Versailles unterzeichnet wurde, hatten die Großmächte Andorra vergessen. Die reguläre Armee dieses Pyrenäenstaates bestand aus einem Offizier, sechs Soldaten und vier Generälen.

1939 verschlechterte sich die Situation Andorras, als es feststellte, daß es jetzt zwei Weltkriege gleichzeitig führen mußte. Der Verteidigungsetat wurde regelmäßig für Übungsmunition bei Staatsbesuchen ausgegeben.

Stümperhafte Gesetzgeber

Als absolut stümperhaft erwies sich das Volkszählungsgesetz, das mit den Stimmen aller Parteien des Deutschen Bundestages im Jahre 1982 beschlossen worden war. Weil die Bundesregierung uneinsichtig blieb, und das Gesetz nicht zurückzog, gingen zwei Hamburger Rechtsanwältinnen vor das höchste deutsche Gericht. Daraufhin ordneten die Richter die Aussetzung der Volkszählung an, weil das Gesetz in mehrfacher Hinsicht Zweifel über seine Vereinbarkeit mit dem Grundgesetz zuließ. Zu diesem Zeitpunkt hatte der Staat bereits 100 Millionen DM in die Vorbereitung der Zählung gesteckt, die nunmehr sinnlos vertan waren.

Mangelhafte Geographie-Kenntnisse

Dem amerikanischen Außenminister William Jennings Bryan sollte man es verzeihen, daß er einen Brief zuviel unterschrieb.

Zur Einweihung des Panama-Kanals lud sein Ministerium alle seefahrenden Nationen ein, diesem großen Ereignis beizuwohnen. Die Marine der Schweiz wurde ebenfalls eingeladen.

Das Schweizer Militär mußte bedauerlicherweise absagen — wegen Nicht-Hochseetüchtigkeit ihrer Boote, mit denen sie normalerweise nur über die heimischen Seen schippern.

Die faulste Presseerklärung

Die wohl faulste Presseerklärung der Kriminalgeschichte gab 1978 die Polizei von Dublin ab. Nachdem ihr beim Gefangenentransport ein Mörder entwichen war, ließ sie die erstaunte Öffentlichkeit wissen: »Der Flüchtige ist nicht gefährlicher als andere Mörder auch.«

Folgenreicher Personalmangel

In der Nacht zum 7. Dezember 1981 erschien auf dem Polizeipräsidium von Portland (Oregon) ein Mann, der sagte, daß er der Flugzeugentführer sei, der 1971 ein Verkehrsflugzeug entführt, 200 000 Dollar Lösegeld erhalten — und dann mit dem Fallschirm abgesprungen sei.

Der diensthabende Polizist rief darauf die Kripo an.

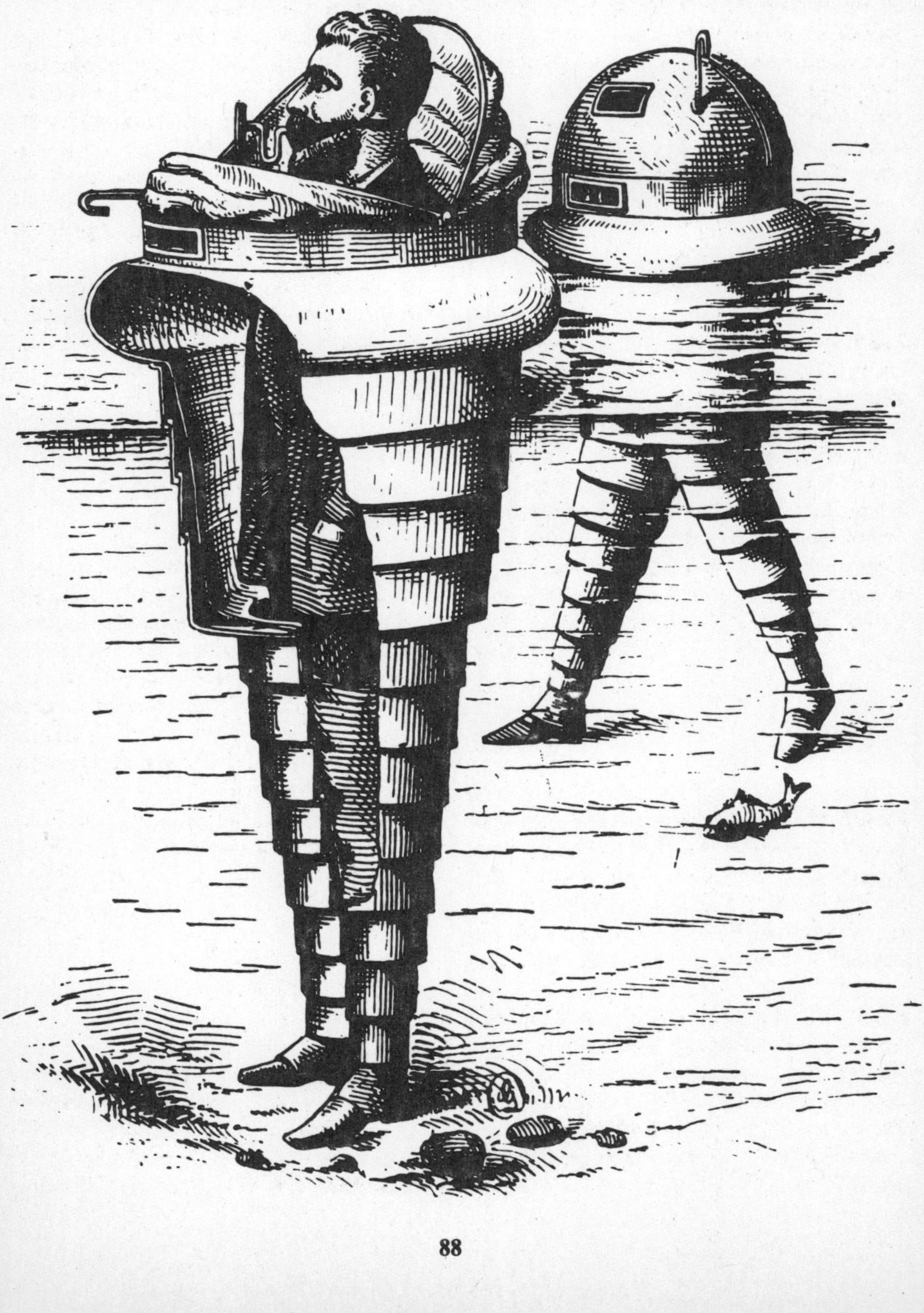

Diese empfahl, daß der Mann doch in einer Stunde wiederkommen solle — wegen Personalknappheit sei vorher nichts zu machen. Der Mann verschwand.
Jetzt allerdings ermittelt das Bundeskriminalamt gegen das Landeskriminalamt von Oregon.

Einseitige Bevorzugung
Die für Diplomaten sicherste Hauptstadt der Welt ist Bonn. Denn hier sorgen für die 5000 Botschaftsangehörigen rund 1700 Polizisten und noch einmal 400 Beamte des Bundeskriminalamtes. Der Nachteil bei soviel polizeilicher Diplomatie: die Kriminalitätsrate im nichtdiplomatischen Bereich steigt stark an. 1980 wuchs die Zahl der Straftaten um fast 10% auf 30000. Davon konnten nur etwa 10000 Fälle aufgeklärt werden.

Postalische Niederlage
Die Postdirektion in Göteborg wollte ihren Mitarbeitern einen Film vorführen, der die Sicherheit und Schnelligkeit der Post pries. Die Vorstellung mußte ausfallen. Der Film war auf dem Postweg verlorengegangen.

Dieser absolut unsinkbare und kuschelig warme Rettungsanzug setzte sich nicht durch. Das unverständige Publikum hielt ihn für »zu sperrig«. »Sollen sie halt ertrinken«, sagte Erfinder Brain und reiste resigniert von der Weltausstellung in Chicago ab (1893).

Unmögliche Niederlage
Obwohl der Besitz von Haschisch in Dänemark verboten ist, wurde von nicht-identifizierbaren Personen in der Nacht vom 21. auf den 22. März 1981 zu der größten Hasch-Party des Landes eingeladen. Natürlich hatte das Rauschgift-Dezernat von der Sache Wind bekommen und seine Fahnder in die gemietete Halle nach Kopenhagen geschickt.
Aber Jan Andersen, der Einsatzleiter, mußte resignieren: »Wir hätten alle zwei- oder dreitausend Leute verhaften müssen. Das konnten wir nicht. Also konnten wir nur zuschauen.«

Die schlechtbesuchteste Demo
Eine Demonstration war am 13. März 1981 in Darmstadt angesagt: gegen Wohnungsnot und die Räumung besetzter Häuser.
Ein einzelner Demonstrant lief 1½ Stunden durch Darmstadts Innenstadt mit seinem Transparent. Immerhin wurde er von einem Dutzend Ordnern und Polizeifahrzeugen mit Blaulicht eskortiert.
Insgesamt waren 200 Beamte aufgeboten worden — denn die Polizeiführung hatte mit rund 1500 Teilnehmern gerechnet.

Eintragungsniederlage
Aufmerksame Leser des neuen amtlichen Fernsprechbuches der Deutschen Bundespost (Ausgabe 27 Reutlingen-Rottweil) haben auf Seite 1086 eine überraschende Ent-

deckung gemacht: Dort steht unter dem Buchstaben »C« Villingen-Schwenningen (Ortsnetz Schwenningen) verzeichnet: Cäsar, Julius, Tyrann, Brutusweg 3, Tel. 8 45 36.

Wer die Nummer des römischen Kaisers anwählt, erreicht allerdings weder Cäsar noch seinen Telefonlakaien. Statt ihrer vernimmt er nach einem Piepsen die Durchsage: »Kein Anschluß unter dieser Nummer.« Bei der Post wird seither darüber gerätselt, wie die Eintragung ins Buch kam und wer die Zuverlässigkeit des amtlichen Telefonregisters unterminiert.

Geleimt

Tatenlos zusehen mußte die Leiterin eines Londoner Postamtes, wie zwei Gangster umgerechnet 235 000 Mark einpackten und sich unbehelligt davonmachten.

Die beiden Männer hatten der Postbeamtin June O'Brien Schnellkleber auf die Hände geschmiert und sie an die Wand gedrückt. Fast zwei Stunden mußte Frau O'Brien in dieser mißlichen Stellung ausharren. Ihr Ehemann, wegen ihres langen Ausbleibens besorgt, fand die Unglückliche und schnitt sie mitsamt der Tapete von der Wand. Im Krankenhaus wurde die gegen ihren Willen tapezierte Posthalterin mit großer Vorsicht von Papier und Mörtel befreit.

Die peinlichste Ente der Pressegeschichte

Die peinlichste Ente der Pressegeschichte handelte sich das Nachrichten-Magazin STERN im Frühjahr 1983 ein. Ein windiger Antiquar aus Stuttgart drehte der vermutlich vor Sensationsgeilheit kopflos gewordenen Chefredaktion für einen Millionenbetrag eine plumpe Fälschung von Adolf-Hitler-Tagebüchern an. Obwohl durch kompetente Wissenschaftler gewarnt, behauptete der STERN die Echtheit der Tagebücher und der (damalige) Redaktionschef Koch verstieg sich sogar dazu, »nun müsse die Weltgeschichte des zwanzigsten Jahrhunderts neu geschrieben werden«.

Nach der zweiten Folge der »Tagebuch«-Veröffentlichung mußte der STERN die Publikation abbrechen und zugeben, daß man in der Chefetage dilettantisch und grob fahrlässig in der Zeitgeschichte herumgerührt hatte. Zwei Chefredakteure kriegten mit hohen Abfindungen den Hintern vergoldet und mußten gehen. An Zeitschriften im Ausland, die Übersetzungen der »Tagebücher« gekauft hatten, mußten empfindliche Konventionalstrafen gezahlt werden. — Und das einstmals stolze Wort: »Ich bin vom STERN« will keinem seiner Mitarbeiter mehr fröhlich von den Lippen.

Vertrieb vergessen

Die größte Niederlage bei der Herausgabe einer Zeitung hat wohl Mr. Burleigh mit seinem Commonwealth Sentiel erlitten.

Seine Zeitung erschien am 6. Februar 1965 und wurde am 7. Februar 1965 wieder eingestellt.

Vor der Erstausgabe ließ sich alles gut an: Mr. Burleigh schaffte Annoncen und Artikel heran, machte den Umbruch und überwachte den Druck. Dann lehnte er sich bequem zurück — bis ein Anruf der Polizei sei-

ne Entspannungspause störte. 5000 Exemplare seiner Zeitung lagen vor Brown's Hotel und versperrten nicht nur den Hoteleingang, sondern die gesamte Straße.
Mr. Burleigh hatte nämlich völlig vergessen, den Vertrieb seiner Zeitung zu organisieren. Die Drucker hatten die ganze Auflage einfach vor das Hotel gekarrt, in dem er wohnte. Soweit man weiß, wurde kein einziges Exemplar verkauft.

Der unbeliebteste Chefredakteur

Unbeliebter als Johannes Gross war wohl noch nie ein zum Chefredakteur bestellter Journalist. Gross, der von den Eigentümern des Wochenmagazins STERN nach der peinlichen Hitler-Tagebuch-Affäre als neuer Mann für die Chefetage ausersehen worden war, vermochte seinen Job nicht eine einzige Minute lang auszuüben. Die gesamte riesige Redaktion machte nämlich geschlossen Front gegen ihn. Ihm wurde so viel Abneigung entgegengebracht, daß die Eigentümer ihn noch vor Dienstantritt baten, sein Amt aufzugeben — was Gross auch widerwillig tat.

Prophetische Niederlage

In unserem Jahrhundert bereitete der Halleysche Komet all jenen eine bittere Niederlage, die sich mit masochistischer Lust an Endzeitprophetien ergötzen. Die Weissagungen von Jeremias bis Nostradamus zeigten nach der Interpretation von Experten zwingend an, daß der Weltuntergang in der Nacht vom 17. auf den 18. Mai 1910 (Mitteleuropäische Zeit) stattfinden würde. Just zu diesem Zeitpunkt näherte sich nämlich der Halleysche Komet zum 27. Male seit seiner ersten Beobachtung unserem Planeten.
Eine wahre Hysterie brach aus: Tausende von Menschen überall in Europa versammelten sich in Kirchen und beichteten ihre Sünden. Hunderte stürzten sich in den Tod, weil sie dem erwarteten Grauen zuvorkommen wollten. Andere verschenkten all ihre Habe, gaben sich einem besinnungslosen Vergnügungstaumel hin, steckten ihre Zigarren mit Geldscheinen an oder versuchten sich in Bunkern katastrophensicher zu verbarrikadieren, um auf diese Weise das Jüngste Gericht ungeschoren zu überstehen. (Man kann ja nie wissen, vielleicht läßt sich der Herrgott doch überlisten.) In Oklahoma mußte die Poilzei sogar ein Mädchen vom Altar der »Select Followers« retten, wo die Sektenmitglieder gerade mit der rituellen Schlachtung ihres Menschenopfers beginnen wollten, um damit den Allgewaltigen zu besänftigen.
Die ganze Aufregung war umsonst, wie Sie, Leser(in), aufgrund der Tatsache, daß Sie hier auf Erden noch frech ihr Unwesen treiben, leicht erkennen können. Der Komet erleuchtete den Nachthimmel, was sehr schön anzusehen war, und zischte an Mütterchen Erde vorbei.
Am besten hielten sich übrigens die Engländer im seelischen Gleichgewicht. Dieses Volk der notorischen Wetter wartete mit so großer Spannung auf den Ausgang der bevorstehenden Ereignisse, daß ihm weder die Zeit noch die Gelegenheit fürs Angsthaben blieb.

Gigantische Fehleinschätzungen

»Mit Maschinen durch die Luft zu fliegen, ist absolut unmöglich.« (Simon Newcomb, Professor der Naturwissenschaften, 1835—1909, 18 Monate bevor die Brüder Wright ihren ersten erfolgreichen Flug absolvierten.)

»Nach meinen Berechnungen entstanden Himmel und Erde zeitgleich am 23. Oktober des Jahres 4004 vor Christus.« (Professor Dr. John Lightfoot, stellvertretender Rektor der Cambridge University, kurz vor der Veröffentlichung von Darwins »Entstehung der Arten«.)

»Es ist dem Menschen unmöglich, die hohen Geschwindigkeiten der Eisenbahn zu ertragen. Sein Atmungssystem wird zusammenbrechen; Tod durch Lungenbluten wird die Regel sein.« (Professor Dr. Dionysys Lardner, 1793—1859, vom University College, London.)

»Viel zu laut und viel zu viele Noten, mein lieber Mozart.« (Kaiser Ferdinand nach der ersten Aufführung von »Figaros Hochzeit«.)

»Beethovens ›Siebente Symphonie‹ wird bald der Vergessenheit anheim fallen.« (Philip Hale, Musikkritiker der ›Boston News‹, 1937.)

»Ich spielte einige Kompositionen von diesem schrecklichen Brahms. Was für ein unbegabter Bastard!« (Tschaikowsky am 9. Oktober 1886 in seinem Tagebuch.)

»Die Relativitätstheorie ist genauso ein Hirngespinst wie die Vorstellung, es gäbe Atome.« (Ernst Mach, 1838—1916, Professor für Physik an der Universität Wien.)

»Sie haben einen unmöglichen Sound. Mit Gitarren besetzte Gruppen haben absolut keine Zukunft.« (Aus dem Schreiben der Schallplatten-Gesellschaft DECCA, in dem sie die »Beatles« ablehnte.)

»Die Gemälde Rembrandts sind nicht zu vergleichen mit den Kunstwerken unseres außerordentlich begabten englischen Malers Rippingille.« (John Hunt, 1775—1848.)

»Die bei der Kernspaltung frei werdende Energie ist denkbar gering. Wer an die wirtschaftliche Ausbeutung von Atomenergie glaubt, lebt in einem Wolkenkuckucksheim.« (Professor Ernest Rutherford, 1871—1937, nachdem ihm 1919 der erste Nachweis einer Kernreaktion beim Stickstoff gelungen war.)

»Aus dir wird nie was Richtiges werden.« (Münchner Gymnasiallehrer zu seinem zehnjährigen Schüler Albert Einstein.)

»Wir werden ein 1000jähriges Reich schaffen.« (Adolf Hitler)

Berühmte Versager

Keinen Erfolg in ihrem ursprünglichen Beruf hatten folgende Damen und Herren, die es immerhin später in anderen Berufen zu Ehren und Ansehen brachten:
Perry Como als Friseur, Sean Connery als Lastwagenfahrer, William Faulkner als Anstreicher, Gerald Ford (amerikanischer Präsident) als Dressman, Paul Gauguin als Börsenmakler, Adolf Hitler als Kunstmaler, Dean Martin als Stahlarbeiter, Golda Meir

als Lehrerin, Harry Truman als Herrenausstatter, Albert Einstein als Angestellter im Patentamt.

Radlerpech

Eine erfolglose Radtour um die Welt unternahm Michael M., ein 22jähriger Zeichner aus England. Er startete im August 1975 zu seiner Weltreise. Zwei Jahre war er unterwegs — vom Mißgeschick verfolgt: Von jugoslawischen Bauern wurde er ausgeraubt; auf dem Khyber-Paß wollte man ihn steinigen, und in einem Schneesturm im Himalaya wäre er beinahe erfroren.
Das letzte Stück wollte er daher begreiflicherweise abkürzen und flog mit dem Flugzeug. Da hätte er nur noch mit dem Fahrrad vom Flughafen nach Hause strampeln müssen. Aber auch das klappte nicht: Denn auf dem Transportband zwischen Flugzeug und Zoll verklemmte sich das Fahrrad und war nicht mehr reparabel.
Michael M. mußte zu seiner eigenen Enttäuschung nach Hause trampen.

Schmerzliche Entwöhnung

Bis vor kurzem hatte Manfred D. (39) aus München die Angewohnheit, auf seiner Toilette zu rauchen. Seit dem 17. 11. 1980 hat er sich das abgewöhnt. Am Abend dieses Tages frönte er das letztemal seiner Angewohnheit, denn als er die Kippe in die Schüssel warf, explodierte diese und verletzte ihn an wesentlichen Teilen. Seine Frau hatte näm-

Diese Mischung aus Fahrrad und Rollerskates, 1870 in Amerika entwickelt (für Damen mit Schutzblech), wurde nie richtig volkstümlich. Wohl nicht zuletzt deshalb, weil der geniale Erfinder bei der ersten öffentlichen Demonstration zur Belustigung des geladenen Publikums ständig auf die Nase flog.

lich kurz vorher Benzin in die Toilette geschüttet.
Die Krankenträger kamen, legten ihn auf die Trage und wollten ihn die Treppe hinuntertragen. In diesem Moment erzählte Frau D., wie es zu dem Unfall gekommen war. Worauf die Krankenträger so lachen mußten, daß Herr D. von der Trage fiel und sich einen Arm brach.
Im Krankenhaus gab er dann das Rauchen auf.

Juristische Niederlage

Paul Huberts wurde im Jahre 1863 von einem Gericht in Bordeaux für schuldig befunden und zu lebenslanger Haft verurteilt. Trotz mehrmaliger Versuche kam sein Fall erst 21 Jahre später zur Revision.
Dabei stellte sich heraus, daß er wegen versuchten Mordes an sich selbst verurteilt worden war.

Tollkühner Neuerer

Am Regenschirm emanzipierte sich im Jahre 1756 der Engländer Jonas Hanway. Bis zu diesem Zeitpunkt trugen nämlich ausschließlich die Damen den Schirm. Als Mr. Hanway mit Regenschirm die Straße betrat, kam es zu einem Volksauflauf.
Die Mitglieder der Droschkenkutscher-Vereinigung verprügelten ihn, weil sie fürchteten, die Schirmmode könne sich durchsetzen und damit ihr Geschäft kaputtmachen. Sie zerfetzten dem modemutigen Herrn nicht nur den Schirm, sondern rissen ihm noch den Hut vom Kopf.

Rettung

Einer Herde Delphine verdankt der niederländische Pilot Henri van Vleet, der wegen eines Defektes an seinem Hubschrauber in der Java-See notlanden mußte, seine Rettung. Nach Berichten der Nachrichten-Agentur Antara in Djakarta war der Niederländer acht Tage und neun Nächte mit einem Schlauchboot im Meer herumgeirrt. In dieser ausweglosen Situation tauchten die Delphine auf und stießen das Boot mit ihren Nasen rund zehn Kilometer vor sich her bis zum Strand der nächsten Insel.
Die sonderbare Rettung wurde im neu errichteten Hotel des Eilandes gebührend gefeiert. Leider endete das Fest mit einer Schlägerei, in deren Verlauf der Pilot so schwer verletzt wurde, daß er mit einem Seenot-Hubschrauber ins Unfallkrankenhaus nach Djakarta transportiert werden mußte.

Revolutionäre Niederlage

Die erfolglosesten Revolutionäre traten bei den Ostaufständen 1916 in Irland in Aktion. An einem Sonntag wurden 12000 Männer zur Revolution aufgerufen. Es kamen aber nur 1500 Mann, weil die restlichen 10500 durch einander widersprechende Befehle verwirrt worden waren.
Dem kleinen Häufchen der Revolutionäre

las ihr Führer die Resolution der Freiheit vor und befahl, diese Resolution überall in Dublin auszuhängen.
Man hatte aber vergessen, Kleister zu besorgen, und weil Sonntag war, konnte man keinen kaufen.
So kam es zu der ersten und einzigen Plünderung: Aus einem Lebensmittelgeschäft wurde ein Paket Mehl geklaut, um damit Klebstoff herzustellen.

Erfolglose Putschversuche
Erfolglose Putschversuche starteten 1964 die Faschisten in Rom: Sie versammelten sich am Stadtrand, um von dort in die City zu marschieren.
Unterwegs allerdings verloren sich die Einheiten in dem Straßengewirr, so daß man den Putsch lieber aufgab.
1974 versuchten es die Faschisten in Kalabrien erneut. Aber wieder waren die Umstände dagegen: Wegen wolkenbruchartigen Regens wurde der Putsch von dem Kommandanten abgesagt.

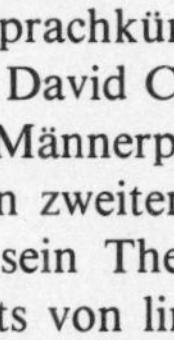

Rhetorischer Schwachsinn
Den Titel des »Sprachkünstlers des Jahres« errang 1977 Dr. David Coward mit seinem Vortrag über »Männerpissoirs — gestern und heute«. Den zweiten Platz erhielt ein Mediziner, der sein Thema: »Wie unterscheide ich rechts von links« mit Aufnahmen von Billardkugeln aus den verschiedensten Blickwinkeln unterstützte.

Der ungeschickteste Ringer
Einen wahren Sieg über sich selbst errang der Ringer Stanley P. bei einem offiziellen Turnier in Providens. Er verhedderte sich während des Kampfes in den Seilen des Ringes und berührte bei den Bemühungen, sich zu befreien, mit beiden Schultern den Boden.
Der Schiedsrichter ließ das Reglement sprechen: Den Siegerkranz erhielt — völlig unverdienterweise — der Rivale.

Rotes Kreuz
Von einem schweren Schicksalsschlag wurde das Deutsche Rote Kreuz in Köln ereilt. Das langjährige DRK-Mitglied Ralf S. bekannte sich öffentlich zu seiner Homosexualität und wollte eine Schwulengruppe ins Leben rufen.
Wie die wildgewordenen Hornissen reagierten die »guten Menschen der Kreisgruppe« auf diese »ungeheuerliche« Eröffnung des vordem so angesehenen Rotkreuzhelfers. Sie feuerten ihn kurzerhand aus ihrer humanitären Vereinigung.
Zu spät ging ihnen auf, daß sie gegen so gut wie alle Regeln des Menschenrechts und der Humanität verstoßen hatten. Spott und Hohn prasselte auf sie nieder, ein Prozeß wegen Satzungsverstoßes und Diskriminierung steht ihnen ins Haus, und eine ganze Reihe Mitglieder will dem DRK den Rücken kehren.

Das feuchteste Unentschieden

Die traditiosnreichste Ruderregatta der Welt ist zweifellos der Achter-Wettbewerb zwischen den Mannschaften der Universitäten Oxford und Cambridge, in deren langer Geschichte es nur eine Handvoll Unentschieden gab. Das feuchteste brachten die Ruderrecken des Jahres 1912 zustande. Beide Boote sanken vor Erreichen des Ziels.

Mit dreiköpfigen Schafen wollte Alfons Malchberger, Schweiz, die Fleischerzeugung steigern. Wenn drei Mäuler einen Leib füttern, wird der in einem Sommer fett und kann geschlachtet werden, war seine Überlegung. Doch die Natur folgte dieser simplen menschlichen Logik nicht. Die Tiere fraßen mehr, köttelten mehr, wuchsen aber nicht schneller. Verärgert ließ Malchberger seine Spezialzüchtung wieder aussterben.

Die mißlungensten Kanalentrümpelung

Eine Reinigungskolonne war im Sommer 1978 von der britischen Wasser- und Schifffahrtsbehörde zur Entrümpelung des Chesterfield-Stockwith-Kanals beordert worden. Während ihrer Teepause wurden die Arbeiter von einem Polizeibeamten aufgestört, der sie auf einen Wirbel im Kanal aufmerksam machte. Als die Saubermänner nach der ominösen Erscheinung Ausschau hielten, war es allerdings bereits zu spät.
Ihre ehemals wasserreiche Wirkungsstätte war ausgelaufen. Im Eifer hatten sie den Verschlußdeckel des Kanals aus dem Schlamm gezogen.

Unfähiger Selbstmörder

Den schlimmsten Liebeskummer erlebte Abel Ruíz aus Madrid. Nachdem ihn seine Freundin verlassen hatte, wollte er unter einem Schnellzug sterben. Er geriet aber zwischen die Schienen und wurde mit leichten Abschürfungen ins Hospital eingeliefert.
Wenige Stunden später warf er sich vor einen Laster. Ergebnis: ein paar Prellungen.
Im Krankenhaus redeten ihm die Ärzte dann seine Selbstmordabsichten aus.
Voller Lebenslust verließ Senor Ruíz die Klinik, um nach wenigen Metern Weges von einem ausgerissenen Pferd niedergetrampelt zu werden. Schwerverletzt wurde er zum drittenmal ins Hospital eingeliefert.

Der miserabelste Selbstmord

Dreimal versuchte sich ein 47jähriger Mann in einem Wald bei Ribeauville (Elsaß) an einer Buche zu erhängen. Erst knüpfte er sich an seinem Hemd auf; der Stoff hielt nicht. Daraufhin benutzte er seine Hosenträger; die gingen entzwei. Für den dritten Versuch riß er seine Hose in Streifen und knüpfte einen Strick, aber die Knoten hielten nicht.

Offensichtlich verärgert schrieb er in den Sand: »Erhängen Scheiße! Bin im Teich.« Dort fand man ihn ertrunken, nachdem einem Landwirt die Stätte des verunglückten Selbstmords ins Auge gesprungen war und eine Suchaktion eingeleitet worden war.

Ungeschickter Selbstmordversuch

Als untauglich erwies sich die Selbstmord-Strategie des mehrfach vorbestraften Vittorio C. aus Galatina. Er wollte seinem Leben auf spektakuläre Weise ein Ende setzen, weil ihn seine Familie ausgestoßen hatte und erneut eine Gefängnisstrafe auf ihn wartete.

Zur Marktzeit, als das halbe Städtchen den Rathausplatz bevölkerte, stürzte sich Vittorio mit theatralischem Schrei vom Glockenturm. Er landete auf einer Pyramide gefüllter Obstkisten, die zusammenfiel und einen Säugling verschüttete.

Der Säugling erstickte — Vittorio überlebte; nicht zuletzt deshalb, weil ihn sofort herbeigeeilte Carabinieri vor den aufgebrachten Marktbesuchern schützten. Kaum genesen, wurde Vittorio aus dem Krankenhaus ins Zuchthaus transportiert. Wegen grob fahrlässiger Tötung hat er dort 10 Jahre abzusitzen.

Selbstmörderische Niederlage

Eine selbstmörderische Niederlage erlebte der junge Künstler John Helms 1977 in New York. Am Weihnachtsabend sprang er aus dem 86. Stockwerk des Empire State Building. Leider hatte er nicht mit einer Windbö gerechnet, die ihn schon im 85. Stockwerk an die Mauer drückte, so daß er an einem Sims hängenblieb.

Ein dort beschäftigter Angestellter wundert sich noch heute: »Man erlebt's nicht häufig, daß Leute im 85. Stockwerk zum Fenster reinklettern«, erklärte er und nahm den Künstler in Empfang. Der Gerettete nahm von weiteren Selbstmordabsichten Abstand.

Der erfolgloseste Sex-Shop-Besitzer

Der erfolgloseste Sex-Shop-Besitzer wurde im Februar 1979 verurteilt, weil seine Bücher und Hefte nicht pornographisch genug waren.

Verärgerte Bewohner aus Biel brachten ihn vor Gericht, da seine Waren nicht, wie eine Werbekampagne sie hatte glauben machen: »sexuell erotisch« waren.

Bei der Verhandlung erklärten sie, sie hätten sich einen Möbelkatalog gekauft, wenn sie an Vorhängen, Gardinen, Kissen und Haushaltsgegenständen interessiert wären.

Blamabler Geschlechtsakt

Eine der größten öffentlichen Liebesgeschichten fand 1976 im Regent Park in Lon-

Angesichts dieser verkannten Erfindung komme ich, Leser(in), als Herausgeber nicht umhin, endlich einmal mit den Schnarchsäcken von pro familia und allen anderen Eheberatern abzurechnen: »Was, so frage ich, therapiert, psychologisiert und analysiert ihr den lieben langen Tag herum? Wißt ihr überhaupt, wovon ihr redet? — Der gesunde Menschenverstand und jegliche Erfahrung sagen, daß Millionen Ehen an unerträglichen Schnarcharien scheitern. Und ihr gebt den Schnarchverhüter nach Dr. Dallbeck nicht auf Krankenschein aus!? Unfähig seid ihr! Absolut unfähig!«

don statt. Ein halbbekleidetes Pärchen hatte es sich in einem Auto gemütlich gemacht, als sich in dem engen Fahrzeug die Bandscheibe des Kavaliers verschob. Er war vor Schmerzen versteinert. Auch seine Freundin konnte sich nicht befreien. Es gelang ihr immerhin, mit ihrem Fuß kräftig auf die Hupe zu drükken. Das lockte Passanten an, unter denen sich zum Glück auch ein Arzt, zwei Sanitäter und ein Feuerwehrmann befanden. Sie bildeten einen großen Kreis um den Wagen. »Wir werden sie so niemals wieder herausbekommen«, sagte der Feuerwehrmann, der anfing, den hinteren Teil des Wagens aufzuschneiden.

Auf verzweifelte Situationen trainiert, servierten zwei Mitglieder des Roten Kreuzes durch das Seitenfenster den beiden heißen Tee.

Endlich wurde der Liebhaber unter Schmerzen abtransportiert. Die Sanitäter erklärten seiner zurückgebliebenen Freundin, daß es ihm bald wieder besser gehen würde.

»Vergeßt ihn«, antwortete sie. »Was mich viel mehr beschäftigt ist, wie soll ich meinem Mann erklären, was mit seinem neuen Wagen passiert ist?«

Der peinlichste Geschlechtsakt

Der peinlichste Geschlechtsakt schlitterte in einer lauen Sommernacht des Jahres 1937 auf einem Aussichtsturm am Rande Dresdens in die Katastrophe. Ein stadtbekannter Anwalt und seine Geliebte konnten auf dem romantischen Aussichtspunkt ihre Liebesbrunst nicht mehr bändigen und begannen mit dem, was zwei Menschen sehr gern miteinander treiben. Allein, kurz vor dem Höhepunkt packte die Frau ein mächtiger Krampf. Es gab kein Vor und kein Zurück mehr. Die Lage war so aussichtslos und schmerzhaft, daß die vom Liebesleid Gebeutelten um Hilfe rufen mußten. Da es unmöglich war, die beiden an Ort und Stelle aus ihrer beklemmenden Situation zu befreien, aber auch der Abtransport über die enge Wendeltreppe nicht zu bewerkstelligen war, mußte die Feuerwehr die unzertrennlich Vereinten mit der großen Leiter vom Turm holen.

Der Anwalt ließ sich später unter anderem Namen im Rheinland nieder.

Sexuelle Niederlagen

Prominente, die bei der Liebe starben:

1. Attilia der Hunne (europäischer Eroberer: 406?—453). Er starb in Aktion.
2. Felix Faure (französischer Präsident: 1841—1899). Er saß gerade auf einem speziellen Sex-Stuhl und war mit seiner Geliebten beschäftigt: Starb an einem Herzanfall.
3. Leo VIII. (römischer Papst: starb zwischen 963 und 965). Beim Ehebruch verstarb er am Gehirnschlag.
4. Frederik VIII. (König von Dänemark: 1843—1912). Er starb in einem Hamburger Bordell.

Der blamabelste Abgeordnete

Als absolut abstinent galt der Grüne-Bundestagsabgeordnete Hecker was den Alkohol- und Nikotingenuß anging. Bei Frauen war das anders. Durch einseitige Müsli-Ernährung geriet sein Hormonhaushalt dermaßen in Unordnung, daß er wie zwanghaft nach jedem erreichbaren Frauenbusen griff. Das paßte einigen weiblichen Abgeordneten der Grünen nicht, die bekanntermaßen wenig Verständnis für derartige patriarchalische Über- bzw. Zugriffe zeigen.
Sie beschuldigten den naturverbundenen Müsli-Mann öffentlich sexistischer Umtriebe, und Hecker gab alles zu. Wenn er allerdings geglaubt hatte, damit wäre die Angelegenheit erledigt, befand er sich im Irrtum. Unter dem Druck seiner Parteifreunde mußte der blamable Abgeordnete nach einigem Hin und Her, wie's bei den Grünen so üblich ist, sein Mandat niederlegen. Womit ihm die Möglichkeit gegeben ist, vielleicht an anderer Stelle sinnvollere Handarbeit zu leisten.

Hochzeitsnacht per TV

Herr und Frau Amend hatten geheiratet. Wohlhabend, wie sie waren, begaben sie sich auf Hochzeitsreise: wohl wissend, daß es nicht in jedem Hotelzimmer einen Deckenspiegel gibt.
Deshalb nahmen sie ihre Hochzeitsnacht — wohlweislich — auf Videoband auf. In allen Details.
Und als sie zurückkehrten am dritten Abend, wollten sie sich noch einmal den ersten Abend zu Gemüte führen. Sie legten das Video-Band auf, gleich nach der Tagesschau, und sahen sich ihre Schau an: die Hochzeitsnacht mit allen Details auf Mallorca.
Was sie nicht wußten: Das ganze Haus sah mit. Durch die Gemeinschafts-Antenne. Jeder nahm teil an den Intimitäten — und dementsprechend begegnete man sich am Morgen auf dem Treppenflur.
»Das war eine der besten Porno-Shows, die ich je sah«, bemerkte eine Nachbarin.
Die Leute von der Post suchen jetzt den Fehler in der Leitung.

Die mißlungenste alternative Schädlingsbekämpfung

Eine mikroskopische Niederlage erlitt das Landwirtschaftsministerium in Kalifornien. Als eines der größten Obstländer sorgt es nämlich intensiv für die Gesundheit aller Pflanzen.
1981 nun geschah es, daß man in Kalifornien ganze zwölf Exemplare der mediteranen Fruchtfliege fing. Alles war alarmiert: Denn diese Fliege frißt Blütenblätter. Als Abwehrmaßnahme entschloß man sich, aus Peru

50000 kastrierte mediterane Fruchtfliegen-Männchen einfliegen zu lassen, die eine Vermehrung stoppen sollten.
Aber bei der Endkontrolle hatte man wohl unter dem Mikroskop nicht so genau hingesehen: Alle 50000 Fliegen-Männchen waren noch voll fruchtbar.
Seit der Zeit sprüht man intensiv Vernichtungsgift von Flugzeugen aus auf Kalifornien. Es soll zwar für Menschen überhaupt nicht schädlich sein, sagt man — aber die Autos solle man in die Garagen stellen. Denn sonst könnte der Lack angegriffen werden:

Schlampiger Empfangschef
Schmerzensgeld in Höhe von 74000 DM mußte ein Hotelier aus Chattanooga (USA) zahlen, weil er einen unaufmerksamen Empfangschef beschäftigte. Der schlampige Concierge händigte einem Hotelgast namens James Hardy den falschen Zimmerschlüssel aus. Als dieser sein Appartement betrat, mußte er mit Entsetzen feststellen, daß sich eine attraktive, nur spärlich mit schwarzer Reizwäsche bekleidete Dame in seinem Bett räkelte.
Der 56jährige Hardy, Schamröte im Gesicht, wandte sich abrupt zur Seite und verrenkte sich einen Nackenwirbel. Tagelang war der Arme nahezu bewegungsunfähig. Hardy machte das Hotel für sein Ungemach verantwortlich und verlangt Entschädigung. Es kam zu einem Rechtsstreit, in dem das Gericht zugunsten des Klägers entschied; nicht zuletzt deshalb, weil dieser auf einen untadelig sittlichen Lebenswandel verweisen konnte.

Unverbesserlicher Ehemann
Der Weltrekord-Halter im Sich-scheiden-Lassen, der 71jährige Glynn de Moss Wolfe, schmiedete im Dezember 1978 Pläne für seine 22. Hochzeit. »Das könnte nach langer Zeit die wahre Liebe sein«, hoffte er.
Gegenüber seinem Anwalt behauptete er, daß er sich an alle Frauen noch erinnern könnte. »Helen war 1931 die erste. Dann folgten schnell hintereinander Margie, Mildred und Adele. 1943 habe ich Mary geheiratet, aber ihr Vater wollte mich umbringen, und das wirkte sich irgendwie lähmend auf alles aus. Dann waren da noch Mary A., Peggy Lou, Beverly, Shirley, Sherrie zweimal. Kathy, Paulette, Didi, Bobbie, Demerle, Esther, Gloria, Maria, Lupitia und jetzt Eva.«
»Scheidungen regen mich nicht auf«, sagte er. »Sie sind wie ein neues Stück in der Sammlung.«

Hoffnungslos zerrüttet
Die meisten Scheidungen bei denselben Partnern erreichten Dorothy und David King: Sie trafen sich insgesamt fünfmal vor dem Scheidungsrichter. Ihr letzter Scheidungswunsch wurde genau sieben Monate nach ihrer fünften Hochzeit geäußert.
Und bei allen Gelegenheiten stellte das Gericht eindeutig fest, daß die Ehe hoffnungslos zerrüttet sei und keinerlei Hoffnung auf Versöhnung bestünde.

Doppelscheidung

Die zwei schnellsten Scheidungen desselben Mannes erlebte 1975 das High Court in London.

Der Vorsitzende Richter, Sir Georg Baker, blieb dabei ausgesprochen kühl: »Dies ist wohl das erste Mal in unserer Geschichte, daß an einem Nachmittag zwei Frauen von demselben Ehemann geschieden werden.«

Der unglückliche Ehemann war Moslem — und das Gesetz gestattet ihm, vier Frauen gleichzeitig zu heiraten. Was also lag näher, als die Scheidungen in einem Aufwasch zu erledigen?

Das erste Urteil ging an Adiza Mohamed, die schon zwei Jahre von ihrem Mann getrennt lebte. Minuten später nur trennte sich auch Rabi Mohamed, die sich in einen anderen Mann verliebt hatte.

Der penetranteste Sackpfeifer

Auf Ehescheidung klagte eine Frau in England, weil ihr Mann im Bett nachts Dudelsack zu spielen pflegte, wobei er sie zwang, mit der Fliegenklatsche den Takt dazu zu schlagen. Wievohl die Frau Diplom-Musikerin ist, sprach der Richter die Scheidung aus und entschied: »Das hält auch der größte Musikliebhaber nicht aus.«

Die faulsten Ausreden

Bei einer Scheidungsverhandlung glaubte das Gericht nicht der Argumentation des Ehemannes, dem man Ehebruch vorwarf. Auf die Frage, was er und die andere Frau wohl im Schlafzimmer getan hätten, antwortete er: »Billardspielen.«

Warum es dann so merkwürdig laut hergegangen sei, wurde er weiter gefragt. Das seien Äußerungen der Freude — oder des Mißerfolges bei den einzelnen Partien gewesen, erklärte der Mann ernsthaft.

Und warum denn die Frau von der Taille abwärts unbekleidet gewesen sei, wußte er so zu beantworten: Sie habe genäht und alte Sachen ausgebessert.

Trotz dieser überzeugenden Ausreden wurde er schuldig geschieden.

Die Hoffnungen des Ingenieurs Paul Sörensen gingen nicht in Erfüllung, weil es auf allen kaufkräftigen Märkten an Eis fehlt. Sein Schlittenfahrrad fand lediglich in Grönland einige Abnehmer, wurde aber auch dort niemals ein volkstümliches Fortbewegungsmittel.

Das unglückseligste Schiff

Das schlechteste Schiff, das je gebaut wurde, war die Argo Merchant, die 1953 vom Stapel lief und 1976 sank.

Acht Monate brauchte zum Beispiel die Argo für eine Reise von Japan nach Amerika, weil sie mit einem Tanker zusammenstieß, dreimal Feuer fing und insgesamt wegen Reparaturen fünf Häfen anlaufen mußte.

1968 durchstand der Frachter eine Meuterei, und 1969 lief er vor Borneo auf Grund.

Danach lag das Schiff fünf Jahre lang still im Hafen von Curaçao, aber schon bei der ersten Fahrt danach geriet es vor Sizilien auf eine Klippe. Von dort mußte es nach New York geschleppt werden.

Im nächsten Jahr platzte der Argo sechsmal der Kessel, und einmal fiel die Steuerung aus.

Daraufhin sperrten die Behörden das Schiff von der Benutzung des Panama-Kanals und der Häfen Boston und Philadelphia aus.

1976 endlich lief die Argo erneut auf Grund, und als sie vor Cape Cod versank, hinterließ sie den größten Ölfleck in der Geschichte der amerikanischen Küstenwache.

Ein Fall für Sankt Judas

Alle Ärzte versagten bei dem Bemühen, Jack O'Lary von seinem hartnäckigen Schluckauf zu befreien. Als die breite Öffentlichkeit erfuhr, daß er der Mann mit dem hartnäckigsten Schluckauf aller Zeiten sei, bekam er weit mehr als 60000 Vorschläge zur Linderung.

Er probierte sie alle aus — aber keiner half, wie er sagte. Sein Schluckauf begann am 13. Juni 1948 und endete am 1. Juni 1956.

Die Heilung führte Jack O'Lary auf sein gutes Verhältnis zum heiligen Judas, dem Patron für hoffnungslose Fälle, zurück.

Der deplacierteste Nabel

Unglückliches Augenmaß bewies der Chirurg, bei dem Virginia O'Hara aus Florida ihren überflüssigen Bauchspeck wegoperieren ließ.

Anatomisch offensichtlich etwas unsicher placierte er nach der Speckoperation Virginias Bauchnabel weitab vom angestammten Platz: ungefähr 5 cm Süd-Süd-West.

Virginia verklagte den Arzt und bekam vor einem Gericht, das alles genau in Augenschein genommen hatte, recht — und Schadenersatz: 854219 Dollar.

Blamierte Prüfer

Einer der teuersten Fehler, den je ein Prüfling seinem Prüfer nachweisen konnte, geschah in Amerika beim Preliminary Scholastic Aptitude Test, an dem rund 1,3 Millionen Schüler teilnahmen.

Bei einer Frage in Geometrie stand in dem Lösungsbuch der Prüfer die Antwort »Sieben«. Der 17jährige Daniel Lowen bewies, daß auch die »Fünf« richtig war.

Die Hersteller des Tests und die 16 Kontrollprofessoren mußten sich korrigieren — und das gleich bei der Benotung von 240000 Schülern.

Allein die Kosten für die Benachrichtigung der Betroffenen betrugen 110000 Dollar.

Niederlagen der Pädagogik 1

Auf Schulbildung fast völlig verzichteten folgende Persönlichkeiten, die durch die Pädagogen und den Zwang sich in ihrer Entwicklung gehemmt fühlten: Charles Chaplin, Mark Twain, die amerikanischen Präsidenten Benjamin Franklin und Abraham Lincoln, Golda Meir, Alfred Nobel, Heinrich Schliemann, Jean-Jacques Rousseau und Thomas Alva Edison, der große Erfinder.

Niederlagen der Pädagogik 2

Wer die Schule haßt, der hat noch lange nicht versagt. Im Gegenteil. Als Schriftsteller und Dramatiker hat man immer noch Chancen. Große Schulhasser waren zum Beispiel: Friedrich Nietzsche, Bertolt Brecht, Hermann Hesse, Heinrich Mann, Thomas Mann, Rainer Maria Rilke, George Bernard Shaw.

Die berühmtesten Schulniederlagen

Schlechte Schulnoten scheinen oft der erste Schritt für erfolgreiche und kreative Menschen zu sein.

Bei folgenden Männern — mit den schlechtesten Zeugnissen — hat wohl die Schule versagt: Robert Bosch, Albert Einstein, Gerhart Hauptmann, Theodor Fontane, Richard Wagner.

Erlasse

Der Kultusminister des Landes Hessen erteilte einem Lehrer per Erlaß die Prüfungserlaubnis bis zum 31. August. In einem zweiten Erlaß wurde er beschieden, daß bereits am 30. März Schluß sei. Dann fiel der klugen Behörde auf, daß der März 31 Tage hat. Es folgte ein dritter Erlaß, in dem die Erlaubnis um einen Tag verlängert wurde. Wenige Tage später flatterte dem Lehrer, der sinnigerweise Staatsbürgerkunde unterrichtet, Erlaß Nummer vier ins Haus. Erlasse zwei und drei wurden rückgängig gemacht und Erlaß Nummer eins wieder in Kraft gesetzt. — Der Lehrer überlegt seitdem, ob er nicht andere Fächer unterrichten soll.

Der zerstreute Spion

Einer der unfähigsten Spione war Mr. de Breuyeker, der im Auftrag der Sowjetunion 1976 in einem Flottenstützpunkt der Nato einbrach und eine Kiste mit Top Secret-Material entwendete.

Vor Aufregung allerdings ließ er seinen Arbeitskoffer am Tatort stehen. Er enthielt einen Hammer, eine Feile, eine Bibel, eine Ausgabe des Playboy und eine Liste seines Auftraggebers und der geplanten Aktion. Noch am selben Tag wurde er verhaftet.

Die verfehlteste Staatstrauer

Bestürzung herrschte in Indien, als am 22. März 1979 der damalige Premierminister

Morarji Desai das Parlament vom Ableben des großen Patrioten und Staatsoberhaupts Jayaprakash Narayan unterrichtete. Die Fahnen wurden auf Halbmast gesetzt, in Radio und Fernsehen erklang Trauermusik, Schulen und Behörden wurden geschlossen. Jedermann war betroffen von der traurigen Nachricht, nur Jayaprakash Narayan nicht. Der saß in einem Bett des Bombayer Krankenhauses und befand sich auf dem Wege der Genesung von einer schweren Krankheit. Der indische Geheimdienst war der Fehlinformation eines seiner Beamten aufgesessen, der eine aus dem Hospital abtransportierte Leiche für die des Staatspräsidenten gehalten hatte. Desai dementierte die Falschmeldung. Daraufhin verwandelte sich die Staatstrauer in ein Volksfest.

Strom ohne Quelle

Salomonisch beendete das Stuttgarter Innenministerium den Streit zwischen Furtwangen und Donaueschingen. Beide Städte behaupten von sich, die eigentliche Donauquelle zu besitzen.

Nach Jahren der Rangelei gab das baden-württembergische Innenministerium im August 1981 die Anweisung heraus, daß auf künftigen offiziellen Karten von einer Donauquelle keine Rede mehr sei.

Somit gibt es keine Donauquelle mehr. Nachfragen ergaben, daß es aber die Donau selbst noch gibt.

Gesetzgeberische Niederlage

Um ihr Geld vor der Steuer zu retten kamen die Menschen immer schon auf verrückte Ideen. Der römische Dichter Vergil (70—19 v. Chr.) ließ auf seinem Grundstück ein großes Mausoleum bauen — denn Grabstätten waren von der Grundsteuer befreit. Zur Einweihung veranstaltete er ein großes Begräbnis, samt Trauerreden, Trauergedichten, Trauergesängen und Trauermusik. Alles zu Ehren eines unscheinbaren Wesens: der gemeinen Stubenfliege.

Zwar durchschauten die römischen Behörden den Trick, konnten aber nichts machen. In ihren Steuergesetzen stand nämlich nicht, wem die Grabstätte zu gelten habe.

Steuerliche Niederlage

In der Freien Reichsstadt Nürnberg gab es im fünfzehnten Jahrhundert ein Gesetz, das es den Bürgern erlaubte, die Kosten für Bordellbesuche steuerlich voll geltend zu machen. In den Reformationswirren wurde die männerfreundliche Regelung abgeschafft und später nie wieder eingeführt. Seither ist es nicht mehr gestattet, Auslagen für Prostituierte offen zu deklarieren. Das Ganze ist nicht nur eine bittere Niederlage für notorische Bordellgeher, sondern auch für die Beamten in den Finanzämtern, denen so mancher delikater Einblick in die Triebstruktur der Steuerzahler verwehrt bleibt.

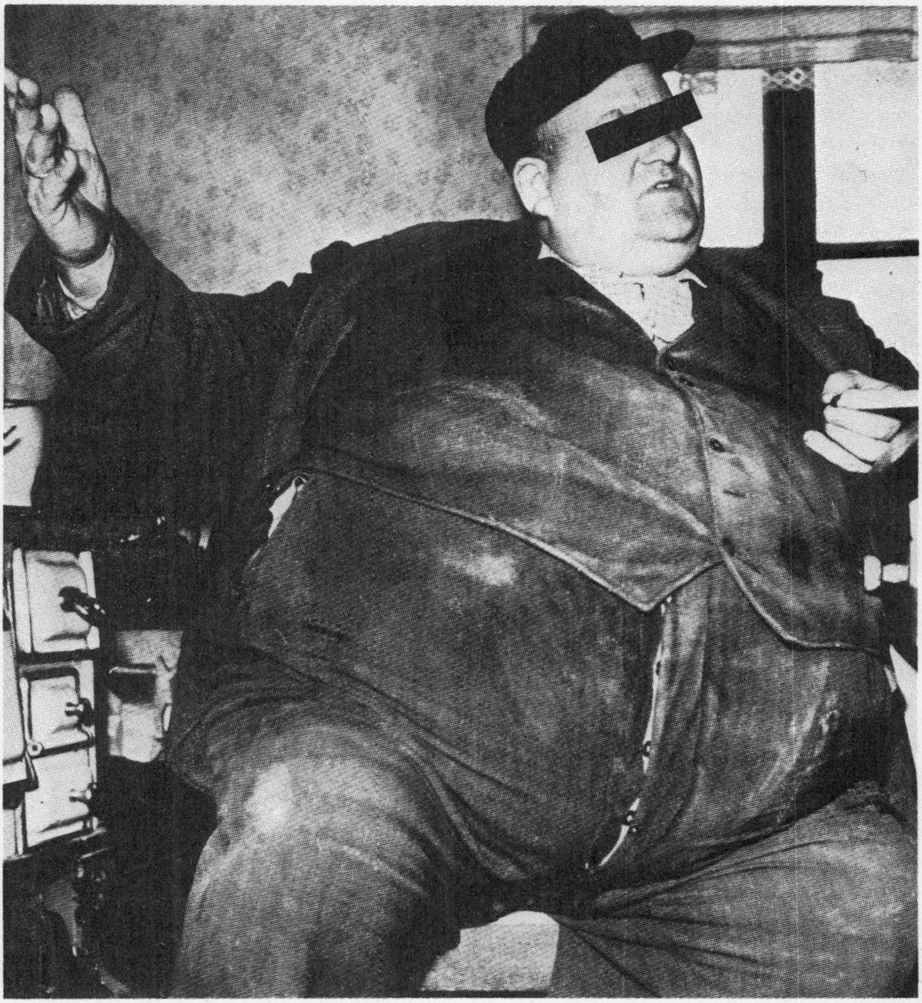

Pech hatte das Landgericht Hildesheim am 27. Juli 1953 mit der Zwangsvorführung eines Landwirts. Der in einem abgelegenen Dorf lebende Angeklagte war für einen regulären Prozeß ganz einfach zu dick. Mit seinen über 300 kg Lebendgewicht ließ er sich durch keine normale Wagentür pressen, konnte also mit öffentlichen Verkehrsmitteln nicht vor Gericht geschafft werden. Und Viehtransporter kamen (mit Rücksicht auf die Menschenwürde des Mannes) nicht in Frage.

Den hohen Herren blieb keine Wahl: sie mußten sich in das ziemlich verkommene Anwesen des Delinquenten bequemen, um so, gegen alle Widerstände der Leibesfülle, dem Recht doch noch zum Durchbruch zu verhelfen.

Vergeßlicher Steuerexperte

Zu 2800 DM Strafe wurde in Bonn ein Steuerbevollmächtigter verurteilt, weil er vergessen hatte, seine eigene Steuererklärung abzugeben. Er versuchte sich mit der Bemerkung herauszureden, seine vielen Klienten hätten ihm keine Zeit für die eigene Erklärung gelassen. Er habe sie »im Eifer des Gefechts verschwitzt«. Der Richter zeigte jedoch keine Nachsicht und verknackte den zerstreuten Steuerexperten.

Der unmöglichste Matador

In der Nähe des Matadors Raphael Gomez konnten sich die Stiere sicherer fühlen als in der Begleitung eines Tierarztes. Auf Fragen nach seinen Trainingsmethoden pflegte Gomez augenzwinkernd zu antworten: »Ich rauche Havanna-Zigarren.« »El Gallo«, wie man ihn nannte, betrat vor jedem seiner »Kämpfe« mannhaft die Arena, warf einer stadtbekannten Schönheit eine Rose zu und weihte ihr in einer weitschweifigen Anrede das Leben des Stiers. Sobald er jedoch des Tiers ansichtig wurde, ließ El Gallo sein rotes Tuch fallen, sprintete so schnell ihn seine Beine tragen konnten davon und hechtete über den Schutzzaun. Diesen Vorgang quittierte der einzigartige Matador mit dem stets gleichen Kommentar: »Jeder hat einmal einen schlechten Tag.« Ernest Hemingway berichtete über ihn: »El Gallo konnte keiner Fliege etwas zuleide tun. Er zitterte schon, wenn ihn eine Kuh auch nur ansah.« Trotzdem fiel Gomez beim Publikum nie in Ungnade. Als er sich zur Ruhe setzen wollte, verlangten die Spanier nicht weniger als sieben Abschiedsvorstellungen, so sehr hatten sie diesen absolut unmöglichen Stierkämpfer in ihr Herz geschlossen.

Die erfolgreichsten »Ungebildeten«

Ganz ohne Studium kamen folgende Männer durchs Leben: die US-Präsidenten George Washington, Harry S. Truman, auch Grover Cleveland, Ernest Hemingway, Rudyard Kipling und Joseph Conrad, ebenso der Maler Paul Gauguin und der englische Staatsmann Joseph Chamberlain.

Vergeßliche Ingenieure

Teure Heizkessel wurden im Howard-Hotel in Baltimore, USA, installiert. Der Umbau dauerte lange, aber endlich war es soweit. Die Heizung sollte in Betrieb genommen werden. Aber schon bei der Generalprobe bekamen die Ingenieure kalte Füße: Sie hatten vergessen, Schornsteine einzubauen.

Der teuerste Bindestrich

Wer den teuersten Bindestrich der Welt vergessen hat, ist leider nirgendwo herauszubekommen — kein Wunder, den die Schadenersatzforderungen würde der arme Teufel nie und nimmer bezahlen können.

Es war eine Leitzahl für die 18 Millionen teure Trägerrakete des Raumschiffes Mariner I, bei der ein Bindestrich fehlte. Durch diesen Fehler wurde die Vernichtung der Rakete angeordnet — am 22. Juli 1961.

Manager-Niederlage

Die größte Niederlage seines Lebens erlebte der Sony-Gründer Akio Morita bei seiner eigenhändigen Entwicklung des Walkman.
Als er erstmals seinem Management die Idee präsentierte, gab es keinen, der dafür war. Aber weil er nun mal der Chef war, tat man ihm den Gefallen und erlaubte den Bau von 500 Walkman.
Trotz dieser Niederlage des Managements gelang es Sony bis heute (1982), mehr als 10 Millionen Walkman abzusetzen.

Die sinnloseste Lokomotive

In der Frühzeit der Eisenbahn gab es einen Ingenieur, der wohl die höchste Stufe der Inkompetenz erreichte. Er hieß Francis Webb und war Lokomotiv-Designer der North-West-Railway.
Zu Beginn seiner Karriere konstruierte er wundervolle Maschinen, später wurden seine Entwürfe immer wirrer. Seine Lokomotiven wurden weder schneller noch stärker als andere Lokomotiven — nur teurer und sinnloser. Seine größte Erfindung, die Lokomotive Teuton, hatte zwei Paar unabhängige Steuerräder.
Das macht es möglich, gleichzeitig in zwei entgegengesetzte Richtungen zu steuern. Auf Grund dieser ausgefallenen Konstruktion schnaufte die Maschine wild, bewegte sich aber weder vor noch zurück. Diese Lokomotive wurde allerdings von einer anderen Lokomotive in Schwung gebracht, dann arbeitete sie zur vollen Zufriedenheit.

Solar-technische Niederlage

Eine solar-technische Niederlage erlebte Harry Fonbey, ein überzeugter Alternativler. Er ließ sich 1978 in Wilminghurst, Californien, ein supermodernes Haus bauen. Mit einer technischen Ausrüstung, die wohl ihresgleichen sucht. Um nämlich jeweils die größte Sonneneinstrahlung auf seine Solarzellen des Hausdaches geraten zu lassen, hat er sein Haus drehbar angebracht. Fotoelektrische Zellen drehen das Haus immer der Sonne zu.
Bei der Einweihung war Harry Fonbey stolz auf seine Erfindung.
Inzwischen findet er kaum noch Schlaf in seinem Haus. Nicht etwa wegen der vielen alternativen Bewunderer seines Heims, sondern wegen der fotoelektrischen Zellen. Die reagieren nämlich auch auf Mondlicht. Und so dreht sich sein Haus nicht nur tagsüber, sondern auch nachts. Ohne Unterbrechung.

Auch Ärzte brauchen Hilfe

Daß die Ärzte nicht nur Hilfe bieten, sondern auch Hilfe brauchen — das ist statistisch bewiesen. Zumindest in den USA. Hier begehen Ärzte dreimal häufiger Selbst-

mord als Angehörige anderer Berufsgruppen. Psychologen führen das darauf zurück, daß Ärzte besonders arbeitssüchtig und idealistisch seien — und deshalb Fehlschläge schlecht verkraften können.
Um in Zukunft Fehlschläge besser zu ertragen, schritt daher in Kalifornien der Berufsverband ein: Er richtete eine Telefonhilfe für hilfesuchende Ärzte ein.

Absolut realistisch
Eines der unfreiwillig-fröhlichsten Theaterstücke wurde 1870 in London ausgebuht.
Das Stück begann mit einer Picnic-Szene, bei der aus Gründen der Realistik echte Brathähnchen und echter Champagner verkonsumiert wurden.
Hemmungslos betrank sich das ganze Ensemble, und schon bald alberten sie so stark herum, daß auch gutwillige Zuschauer unruhig wurden.
Die Hauptdarstellerin hatte längst ihren Text vergessen, grinste nur noch blöde ins Publikum und lehnte sich an die Dekoration, die daraufhin zusammenbrach.
In der nächsten Szene erschien sie mit je einem roten und einem grünen Schuh auf der Bühne. Als das Publikum wieder zu buhen begann, wurde sie wütend und brüllte ins Parkett: »Was lacht ihr denn so, ihr Idioten. Wenn ihr endlich aufhört (hicks), kann ich mit dem scheußlichen Stück hoffentlich (hicks) weitermachen.«
Worauf sich der Vorhang senkte.

Fehltritt eines Elefanten
Den Freizeitpark »Safariland« bei Groß-Gerau wollte Herr M. aus Offenbach immer schon einmal besuchen. Dort laufen Tiere wild herum.
Herr M. begegnete auch prompt einem Elefanten; er kurbelte die Scheibe herunter, um das Tier zu streicheln. Der Elefant, neugierig auf ein Stück Brot, griff mit seinem Rüssel in den Wagen hinein. Verängstigt drehte Herr M. die Scheibe wieder hoch, wobei er die Rüsselspitze einklemmte. Leicht erbost trat ihm darauf der Elefant den linken vorderen Kotflügel samt Scheinwerfer ein. Schlotternd vor Angst verließ Herr M. den Freizeitpark. Er fuhr aber nicht gleich nach Hause, sondern erst einmal in das nächste Lokal, um sich auf den Schrecken hin einen Cognac zu genehmigen. Das zog sich über den Nachmittag bis in den Abend hin.
Dann fuhr Herr M. nach Hause.
Auf der Kreuzung in Langen stoppte ihn die Polizei. Wegen der fehlenden Beleuchtung. Herr M. entschuldigte sich und begründete sein fehlendes Licht mit dem Fehltritt eines Elefanten. Die Polizisten, die ihn schon weiterfahren lassen wollten, glaubten ihren Ohren kaum. Sie nahmen ihn mit auf die Wache und unterzogen ihn einer Blutprobe. Worauf Herrn M. für ein halbes Jahr der Führerschein entzogen wurde.
Einer Klage von Herrn M. gegen den Elefanten-Besitzer wurde nicht stattgegeben.

Tierische Niederlage
Eine tierische Niederlage erlebte der Tierschutzverein in Queensbury in Nordengland. Ein Mitglied hatte Mrs. Leslee Holmes dabei beobachtet, wie sie eine Maus in den

Käfig einer Pythonschlange beförderte. Der Tierschutzverein verklagte Frau Holmes daraufhin wegen Tierquälerei.
Vor Gericht konnte Mrs. Holmes jedoch nachweisen, daß sehr oft schon Schlangen von Mäusen gebissen worden seien, so daß nicht eindeutig feststünde, wer hier wen gequält habe. Außerdem habe die Python die Maus nicht gefressen, sondern sie selbst habe die Maus nach einiger Zeit wieder lebendig aus dem Käfig herausgeholt.
Das Gericht schloß sich ihrer Argumentation an, sprach Mrs. Holmes frei und wies den Tierschutzverein an, die Verfahrenskosten in Höhe von 300 Pfund zu zahlen.

Todessehnsucht

Der Niagara-Fall hat immer schon Rekordsüchtige angezogen, und es gibt diverse Rekordversuche, bei denen sich Bezwinger der Fälle Hals und Bein brachen.
Eine interessante Variante dieser Todessehnsucht führte Bobby Leach vor, ein Engländer, der sich am 25. 7. 1911 in einer Stahltonne die Wasserfälle hinuntertreiben ließ. Er bezwang zwar die Fälle — aber nur mit gebrochenen Kniescheiben und zerschmettertem Kiefer. 15 Jahre später dagegen klappte seine Todessehnsucht: Er rutschte auf einer Apfelsinenschale aus und starb an den Folgen dieses Sturzes.

Dieser spektakuläre Eisenbahn-Unfall ereignete sich am 22. Oktober 1895 in Paris. Wegen versagender Bremsen durchbrach ein aus Granville kommender Zug die Fassade des Kopfbahnhofs von Montparnasse und stürzte auf den Place de Rennes. Einziges Opfer war eine Zeitungsverkäuferin, die an der Unglücksstelle Sensationsblätter feilhielt. — Tragisch, daß es ihr nicht mehr vergönnt war, die reißerischen Meldungen über ihren eigenen Tod auszurufen.

Nix Peep-Show

Eine erfolglose Anfrage richtete eine Reiseagentur aus Prag an ein Peep-Show-Unternehmen in München.

»Sehr geehrte Herren, bei unseren Busreisen nach München, die wir jedes Jahr für Helden der sozialistischen Arbeit veranstalten, wollen wir im Rahmen der Stadtbesichtigung auch den Besuch einer Peep-Show ins Programm aufnehmen. Wegen der beschränkten Zuteilung von Devisen ist für unsere Reiseteilnehmer der Preis von einer Mark pro Minute zu hoch. Wäre es möglich, daß unsere Reiseteilnehmer zu dritt oder zu viert in die Kabine gehen könnten? Hierbei würde sich eine Ermäßigung auf 33 beziehungsweise 25 Pfennig pro Kopf ergeben, was dem Reisebudget unserer Teilnehmer und unserem Kollektivgeist eher entsprechen würde. CEDOK. Revolucni ulice, Praha 1.«

Der Vorschlag wurde abgelehnt.

Das enttäuschendste Paris-Wochenende

Ein billiges, aber absolut enttäuschendes Paris-Wochenende erlebte eine Gruppe dänischer Hausfrauen aus Aarhus. Mit Soerensens-Busunternehmen reisten sie freitags im September 1981 los. Weil der Bus unterwegs eine Panne hatte, benötigte er 23 Stunden bis zum Bestimmungsort. Der aber lag 80 km von Paris entfernt. Als die geschafften Damen endlich in der Halle des Gare de l'Est standen, verblieben ihnen noch ganze zwei Stunden für Paris. Und die gingen fürs Geldwechseln und den Einkauf von ein paar Reiseandenken drauf. Danach mußten die Däninnen schleunigst zurück, um die Tortur der Rückreise nicht zu versäumen. »An Paris erinnern wir uns nur sehr ungern«, erklärte die Leiterin der Reisegruppe, die das unlautere Angebot von Soerensen vor die Verbraucherschutzbehörde brachte.

Turnersprache

Der Westfälische Turnerbund e. V. veröffentlichte am 23. September 1981 eine Stellenanzeige in Die Welt, in der nicht weniger als zehn Satzfehler zu finden waren.

Kein Wunder — es wurde ein Bildungsreferent gesucht.

Telefonische Niederlage

Eine wenig revolutionäre, aber kostspielige Niederlage erlitt die Freie Universität Berlin während der 1968er Studentenrevolte. Die linken Studenten hatten für einige Tage das Rektorat der Uni besetzt und waren mit viel Energie dabei, die Gesellschaft zu verändern. Von den revolutionären Idealisten unbemerkt, hatte sich ein verliebter Kommilitone in der Telefonzentrale eingenistet und stundenlang mit seiner japanischen Freundin Ferngespräche geführt.

Nachdem wieder normale Zustände eingekehrt waren, erhielt die Universitätsverwaltung eine Fernmelderechnung, auf der für über 80 000 DM Japan-Telefonate vermerkt waren. Die Post bestand auf Begleichung der Rechnung. Der verliebte Verursacher war namentlich nicht zu ermitteln.

Uni

Unglückseliger Frager

Im Anschluß an eine der ersten Vorlesungen des nach Frankfurt zurückgekehrten Professors Jürgen Habermas waren Fragen zugelassen. Wie weithin bekannt, leidet Habermas, einer der bedeutendsten Repräsentanten der »Frankfurter Schule«, an einem Sprachfehler, der ihn dazu nötigt, seine Rede mit vielen Zisch-, Krächz- und Rachenlauten voranzutreiben. Tim S., langjähriger Gast des unter deutschen Intellektuellen weithin berühmten »Eppstein Ecks« und stiller Verehrer des gelehrten Habermas, saß fasziniert unter den Kommilitonen. Von dessen Gedankenflug hingerissen sprang S., der als Kind nur unvollkommen an seiner »Hasenscharte" operiert worden war, auf und drang fragend mit eben jenen Zisch-, Krächz- und Rachenlauten auf den Meister ein, die jenen ständig quälten. — Niemand im Hörsaal, der nicht an eine infame Stimmenimitation glaubte. S. wurde ausgebuht und vom Professor durch Nichtachtung gestraft.

Cornelius Müller (Berlin), der 1913 versuchte, »die neue praktische Verwendung des Kinematographen als lebende Zielscheibe" einzuführen, konnte nichts von dem Boom ahnen, den die Tele-Schießspiele unserer Tage erleben. Als der erste Weltkrieg begann, gab es plötzlich lebende Schießscheiben im Überfluß und Müller mußte sein Schießstandkintopp wegen Besuchermangels schließen.

Der teuerste Farbspachtel

Ein Farbspachtel im Wert von 30 Cent fiel im September 1978 zufällig in die Torpedo-Abschußvorrichtung des nuklearangetriebenen amerikanischen Unterseeboots »Swordfish« und blockierte den Ladekolben in seinem Zylinder. Innerhalb einer Woche, in der die »Swordfish« aufgetaucht bleiben mußte, versuchten mehrere Mechaniker, den Kolben zu lösen. Jedoch scheiterten alle Versuche. Das Boot kam auf ein Trockendock, und die Folgekosten beliefen sich auf 171 000 Dollar.

Die schlechtesten Präsidenten-Reden

Bei der Beurteilung des gegenwärtigen Präsidenten der USA, Ronald Reagan, wird häufig vergessen, daß es in den Vereinigten Staaten eine lange Tradition gibt, das höchste Staatsamt mit mehr oder weniger unfähigen Leuten zu besetzen. An den in den zwanziger Jahren regierenden Warren Gamaliel Harding reicht Reagan beispielsweise nicht heran. Als Warren starb, schrieb der bekannte Publizist E. E. Cummings: »Er war der einzige Mensch in diesem großen weiten Land, der es fertigbrachte, in einem einzigen Aussagesatz sieben grammatikalische Fehler unterzubringen; jetzt ist er tot.«

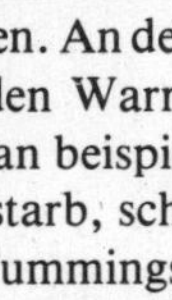

Schlechtes Augenmaß

Der neue Busbahnhof in Köln sollte Anfang 1981 eingeweiht werden. Endlich sollten es die Wartenden im Regen besser haben: Deshalb hatten die Stadtväter Regendächer anbringen lassen. Allerdings stellte man bei der ersten Proberunde fest, daß die Busse beim Einfahren von den Regendächern regelrecht aufgeschlitzt wurden.

Daher mußte alles wieder geändert werden. Die Bahnhofseröffnung wurde erneut verschoben.

Der größte Wartesaal

Die Verkehrsbehörden von Peking haben offensichtlich nicht allzuviel Vertrauen zur Pünktlichkeit ihrer Verkehrsmittel. Denn ihre Bahnhofs-Station »Changan Boulevard« kann den traurigen Ruhm in Anspruch nehmen, den größten Wartesaal der Welt zu besitzen. Er wurde im September 1959 eröffnet und faßt 14000 Wartende.

Zufahrt vergessen

Eine Parkplatz-planerische Niederlage mußten zwei Jahre lang die Frankfurter Hauptbahnhof-Benutzer hinnehmen — völlig überflüssigerweise.

Denn seit 1979 gab es Parkplätze. Zwischen den oberirdischen Bahnsteigen der Bundesbahn und den unterirdischen der S-Bahn hatte man Platz für rund 360 Autos gelassen. Bis 1981 allerdings dauerte es, bis Autofahrer ihre Autos auch dort abstellen konnten — dann erst waren die langen und komplizierten Zu- und Abfahrten fertiggestellt. Kenner wissen: Sie waren vergessen worden.

Die pünktlichsten Linienbusse

Keiner kennt den Namen des Beamten der Verkehrsbetriebe von Staffordshire in England, der den Linienbusfahrern die Anweisung gab, lieber den Fahrplan einzuhalten, als unterwegs Gäste aufzunehmen.

Der stoischste Geisterfahrer

Einen »Geisterfahrer«-Rekord stellte am 21. 8. 1981 ein 59 Jahre alter Oberpfälzer auf: Er fuhr auf der Strecke München—Nürnberg 22 Kilometer lang auf der falschen Autobahnseite. »Klar hatte ich den Irrtum schnell bemerkt«, sagte er hinterher, »aber wo hätte ich denn wenden können?«

Dieses kugelgelagerte Doppelbett bleibt auch beim stärksten Wellengang im Lot, behauptet der Erfinder. — Aber was ist schon eine Seefahrt ohne Seekrankheit? Sterbenslangweilig! — Ergo blieb diese Erfindung aus dem Jahre 1870 erfolglos.

Der ungeeignetste Parkplatz

Zur Internationalen Automobilausstellung 1981 in Frankfurt fuhr der Autohändler Gerd P. mit seinem neuen BMW 635 CSi. Er fand auch einen günstigen Parkplatz — allerdings fand er auch abends seinen brandneuen BMW zur Hälfte wegrasiert vor.

Wie die Bundesbahndirektion Frankfurt mitteilte, war der Wagen an den Gleisen des Güterbahnhofs abgestellt worden. Beim Rangierbetrieb hatte man das Fahrzeug dann völlig übersehen.

Polizeiliche Niederlage

Ein an das Übersinnliche glaubendes Gericht sprach den Arzt Peter T. frei — obwohl die Polizei ihn betrunken am Steuer seines Autos erwischt hatte. Er war — ohne Hemd und ohne Socken — mehrmals mit seinem Wagen die Hauptstraße seines Ortes entlanggefahren.

Ein Gutachter sorgte für den Freispruch: Peter T. sei anerkannter Schlafwandler. Und in jener Nacht sei eindeutig Vollmond gewesen.

Das Gericht schloß sich dieser Argumentation an.

Der resoluteste Parkplatzsucher

Über den Parkplatzmangel in Hamburg ärgerte sich der 37jährige Franz K. so sehr, daß er zu einem Eisenwarengeschäft fuhr, sich eine Säge kaufte und einen jungen, 10 cm starken Baum absägte. Als der resolute Autofahrer seinen neugeschaffenen Parkplatz noch sauber roden wollte, kam die Polizei und erstattete Anzeige.

Die mißlungenste Brücke

Nur wenige Stunden nach dem Festakt, bei dem am 6. November 1969 in Anwesenheit des österreichischen Bauministers der letzte Brückenteil eingeschwenkt worden war, knickten zwei Hauptträger der vierten Wiener Donaubrücke mit ohrenbetäubendem Getöse ein. Die Brückenverkleidung riß, und man mußte befürchten, daß die ganze, mit einem Riesenaufwand errichtete Brücke in die Donau stürzen würde. So mußte bis zur Beseitigung der Gefahr auch noch die gesamte Schiffahrt eingestellt werden.

Langwierige Verlobung

Die längste Verlobungszeit verbrachten Octavio Guillén und Adriana Martinez in Mexiko. Sie begann im Jahre 1900 — da lernten sich beide kennen. Erstaunlich schnell — zwei Jahre später — verlobten sie sich offiziell. Aber dann ließen sie sich Zeit: Erst 1969 traten sie vor den Traualtar.

Beide waren inzwischen 82 Jahre alt und fühlten sich nach 67jähriger Verlobungszeit reif, eine Ehe einzugehen.

Mailer, Miller & Miller

Zur Amtseinführung des französischen Staatschefs Mitterand wollte das französische Kultusministerium bekannte Künstler einladen.

Mitterand hatte sich für den amerikanischen Schriftsteller Norman Mailer (Die Nackten und die Toten) entschieden, sein Ministerium hatte dies falsch verstanden und Henry Miller (Wendekreis des Krebses) eingeladen. In letzter Minute entdeckte allerdings irgend jemand, daß Henry Miller schon vor einem Jahr verstorben war. Um sich nicht die Blöße der Nachfrage bei Mitterand zu geben, lud man Arthur Miller (Der Tod des Handlungsreisenden) ein.

Vögel

Zum Alptraum wurden den Bauherren von Axdorferfeld in der Nähe von Traunstein ihre nagelneuen Häuschen im Grünen. Schon im Morgengrauen hockten dort irre krächzende Rabenkrähen auf den Fensterbänken und hackten den frischen Kitt aus den Fugen. Außer Rand und Band demolierten sie Fensterscheiben bei dem Versuch, ihr eigenes Spiegelbild anzugreifen.

Mehrere Häuser mußten evakuiert werden, so verstört waren deren Bewohner. Experten vermuten, daß die Vögel durch den Genuß der Kittmasse in den Rauschzustand verfielen. Entschädigung haben die armen Siedler nicht zu erwarten: Derlei Naturerscheinungen fallen versicherungsrechtlich uneingeschränkt unter »Höhere Gewalt«. Ihre Hoffnung ruht einzig auf den Schießkünsten der Jäger.

Falsches Vorbild

Eine vorbildliche Wahlwerbung um einen Platz im Betriebsrat versprach sich ein Maschinenschlosser, indem er die bisherigen Betriebsratsmitglieder als »Dauerlügner« bezeichnete.

Das geschah während des Bundestags-Wahlkampfes 1980. Der Schlosser hatte sich den CDU-Generalsekretär Geißler zum Vorbild genommen, der den damaligen Bundeskanzler Schmidt ungestraft als »politischen Rentenbetrüger« bezeichnet hatte.

Die Argumente nutzten nichts. Das Arbeitsgericht bescheinigte, daß die daraufhin ausgesprochene Kündigung zu Recht bestand.

Die niedrigste Wahlbeteiligung

Die Wahl mit der niedrigsten Beteiligung fand 1973 in England statt. Bei der Gemeinderatswahl wurde eine einzige Stimme abgegeben. Der somit gewählte Ratsherr, Mr. Georg Kindness, nahm sein Amt an.

Temperament

Wahlzettel sehen in Indien, wo das Analphabetentum noch weit verbreitet ist, anders aus als bei uns. Anstelle von Parteinamen werden dort die Konterfeis der Kandidaten, die sich um politische Verantwortung bewerben, abgebildet. Kidu Singh, von der Kongreß-Partei Indira Gandhis in einer Kleinstadt namens Rampur als Bürgermeister zur Wahl gestellt, haßte seinen Widersacher aus der Arbeiterpartei aufs innigste.

Am Wahltag machte der hitzige Singh seinem Herzen wieder einmal tüchtig Luft. Kurzerhand schmierte er mit fetten Strichen ein Kreuz über das Abbild seines Kontrahenten. In der Rage hatte Singh übersehen, daß er damit für seinen Gegner votierte.
Das Wahlergebnis zeigte Singh als knappen Verlierer. Sein Gegenspieler hatte auf die Stimme genau die erforderliche absolute Mehrheit erreicht.

Die erfolgloseste Wahl
Die erfolgloseste Wahl aller Zeiten fand 1974 in Australien statt. Der Bürgermeister der Stadt war verstorben, dennoch erschien sein Name auf der Wahlliste. Mit dem Erfolg, daß seine desinformierten — und offensichtlich desinteressierten — Mitbürger den inzwischen schon beerdigten Bürgermeister erneut in sein Amt wählten.

Miserable Weihnachtsmänner
Die beiden unglaubwürdigsten Weihnachtsmänner wurden 1981 von einem Gericht in London zu jeweils 216 Mark Geldstrafe verdonnert.
Trotz des Friedensfestes waren sich die beiden nämlich in die Haare geraten — und zwar handgreiflich. Beide hatten sie die Reviergrenzen des anderen nicht respektiert.
Kommentar des Richters: »Die beiden haben alle kleinen Kinder desillusioniert, die vorbeikamen.«

Reklame-Flop
Nicht sonderlich gut lief das Geschäft Wally Burgers, eines englischen Juweliers.
Nach langen Nächten des Überlegens glaubte er, den richtigen Reklame-Gag für seine gewinnsüchtigen Landsleute gefunden zu haben.
Er bot eine 1-Pfund-Note im Wert von ca. DM 4,80 für nur 80 Pence (DM 4,20) zum Verkauf an.
Eine Woche lang sollte die Aktion laufen.
Sie war ein totaler Fehlschlag, denn der erwartete Massenandrang blieb aus.
Lediglich drei Kunden ließen sich auf den Tauschhandel ein — alle drei höchst mißtrauisch. Das Schlimmste: Einer verlangte sogar eine Quittung.

Arbeitsplatz-vernichtende Werbung
Der für sich persönlich erfolgloseste Werbeleiter heißt Pierre Bergère und arbeitete in Nantes. 1971 entwickelte er für die Firma Blanchisserie Midi eine Werbekampagne zur Verbreitung von Handtuch-Automaten in Firmen, Gaststätten, Hotels usw. Die Aktion war so erfolgreich, daß die Kapazität der Großwäscherei durch Rollenhandtücher voll ausgelastet wurde. Da die Kunden für die kostenlose Montage des Automaten einen mehrjährigen Dienstleistungsvertrag mit der Wäscherei abschließen mußten, war auch für die Zukunft gesorgt und weitere Werbung für das Unternehmen überflüssig. Bergère — ein Opfer des eigenen Erfolgs — wurde wegen Arbeitsmangels entlassen.

Totgesagt

Pech hatte der Frankfurter Oberbürgermeister mit der Zeitschrift »Die Stadt«, die bei seinen Mitarbeiterinnen und Mitarbeitern gut Wetter für die Stadtregierung machen sollte. Gleich in der Null-Nummer des Goodwill-Blattes veröffentlichte die Redaktion das Bild »des inzwischen verstorbenen Stadtrats Blum". Der Senior meldete sich jedoch höchstselbst und putzmunter beim Stadtoberhaupt, woraufhin dieser die Zeitschrift sanft entschlummern ließ.

Grandiose Wetterprognose

Die eindeutigste Wettervorhersage veröffentlichte die Nachrichtenagentur Arab News in Dschiddah: »Wir bedauern, Ihnen heute keine Wettervorhersage machen zu können. Denn diese werden am Flughafen erarbeitet, der zur Zeit wegen schlechten Wetters geschlossen ist. Ob wir Ihnen morgen das Wetter voraussagen können, hängt daher ganz von den Witterungsumständen ab.«

Einzäunung-Blamage

Die blamabelste Einzäunung eines Grundstückes gelang den Arbeitern einer Baufirma, die im Jahre 1979 das Grundstück der Familie Court einzäunen sollte. Fünf Tage genau brauchten sie zur Arbeit — dann stellten sie fest, daß sie das Tor vergessen hatten. Sie standen mit ihrem Arbeits-Lkw ratlos zum Feierabend herum.

Erst als einige beherzte Männer erneut den Zaun einrissen, konnten sie das Grundstück verlassen.

Die Werbebranche ist zu schnellebig; sonst hätte sie dieses Dreirad, das zündende Werbeslogans direkt auf die Straße drukt, nicht vergessen.

Eine relative Niederlage

Den Redakteuren der Hörspielabteilung des Hessischen Rundfunks las der Dramatiker Einar Schleef sein neuestes Werk vor, in dem 13mal das Wort »ficken« auftauchte. Eine zufällig anwesende Tontechnikerin fand dies ungeheuer empörend und beschwerte sich beim Intendanten. In Abwägung von Moral und Kunst rang der Hessische Rundfunk dem Autor sechsmal »ficken« ab. Mit insgesamt siebenmal »ficken« wurde das Stück angenommen und gesendet.

Nachwuchs

Das war ein dufter Abend. Jürgen B., der hellblonde, blauäugige Provinz-Don-Juan aus der südwestdeutschen Garnisonsstadt, hatte es gegen 19 Uhr mit Leonie getrieben; »kostenlos, weil er so nett ist«, wie sie später gestand. Sie war die einzige Edelnutte am Ort und hatte regen Zulauf, vor allem aus zahlungskräftigen Offizierskreisen der US-Army.

Durch das Erlebnis mit Leonie stimuliert, verspürte der kesse Jürgen wenig später beim Anblick seiner semmelblonden Frau Nadja erneut Gelüste. Die Gastwirtstochter, nicht von schlechten Eltern, ließ sich nicht lange an ihre ehelichen Pflichten erinnern. Man soll den Gatten nehmen, wenn er kommt, war ihre Devise. Alles klappte vorzüglich. »Gegen elf«, so entsannen sich beide später, »haben wir in der Bar eines Freundes noch Sekt getrunken, so gut waren wir drauf.«

Der sektfrohe Abend hatte Folgen. Nachwuchs kündigte sich an. Jürgen lebte sich schon bald aufs vorteilhafteste in die Rolle des werdenden Vaters ein. Die Lokalrunde in der Stammkneipe war vorbestellt. Die Erwartungen in Richtung Stammhalter steigerten sich von Stunde zu Stunde, als die Niederkunft endlich bevorstand.

Nadja entband ein kräftiges, 7 Pfund schweres Baby. Es war dunkelhäutig; der Vater mußte unleugbar ein Schwarzer gewesen sein. Skandal im ganzen Städtchen!

Aufgelöst in Strömen von Tränen wehrte sich Nadja jedoch standhaft gegen das Augenscheinliche: »Ich hab' mit keinem Schwarzen verkehrt!« beteuerte sie immer und immer wieder.

Nach langem Hin und Her und umständlicher Prozedur wurde schließlich der schwarze Offizier Fitzgerald J. als Erzeuger ermittelt; u. a. wies das pumperlgesunde und heitere Baby seine Blutgruppe auf.

Fitzgerald — so der Sachverhalt — hatte Leonie an besagtem Abend unmittelbar vor Jürgen einen Besuch abgestattet, und die Dame hatte beide Herren ohne besondere Vorkehrungen empfangen. Jürgen trug daraufhin, wie das sonst Bienen bei Blüten praktizieren, Fitzgeralds Samen weiter und bestäubte Nadja sozusagen mit des Offiziers Erbgut.

Ein wundersamer Sieg der Natur, der im Städtchen allerdings eher als Niederlage gewertet wurde.

Glossar

Hier ist ein kleiner internationaler Wortschatz des Mißerfolgs zusammengetragen. Nicht sehr umfangreich — zugegeben. Dafür aber in 26 Sprachen. Und wenn Du, Leser(in), mal zehn Sekunden überlegst, wirst Du zugeben, daß man mit Wortstafetten wie: »Alles kalt Kaffee« oder »Null Geld« oder »Viel langweilig, viel falsch, viel sauer« oder »Arm Schwein« überall in der Welt zurecht kommt. Also denn: egal ob Du in der Mongolei, in Zentralafrika oder auf den Lofoten bist, nur munter drauflosgequatscht. Die wundersamsten Mißverständnisse sind Dir sicher.

	langweilig	**falsch**	**faul**	**sauer**
Englisch	tedious	wrong	lazy	sour
Französisch	ennuyeux	faux	paresseux	aigre
Spanisch	aburrido	falso	perezoso	agrio
Italienisch	tedioso	sbagliato	pigro	agro
Portugiesisch	aborrecido	errado	preguiçoso	azêdo
Rumänisch	plicticos	gresit	lenes	acru
Holländisch	saai	verkeerd	lui	zuur
Schwedisch	tråkig	orätt	lat	sur
Dänisch	kedelig	forkert	doven	sur
Norwegisch	kjedelig	urett	doven	sur
Polnisch	nudny	mylny	leniwy	kwaśny
Tschechisch	nudný	nesprávný	liný	kyselý
Serbo-Kroatisch	dosadan	progrešan	lenj	kiseo
Ungarisch	unalmas	téves	lusta	savanyú
Finnisch	ikävä	väärä	laiska	hapan
Türkisch	usandırıci	yanlıs	tembel	ekşi
Indonesisch	bojak, djemu	salan	malas	asam
Esperanto	teda	mal'gusta	mal'labor'ema	acida
Russisch	skúchni	neprávilni	lenívi	kísli
Griechisch	aniaros'	esfalme'nos	tebe'lis	xinos'
Arabisch	moumil	chata	kaslan	hamid
Hebräisch	meyagea	lo nachon	atsel	chamuts
Jiddisch	mudne	falsch	foil	zoyer
Japanisch	taikutsu	ayamatta	taida na	suppai
Suaheli	-a kuchosha	-kosefu	vivu	-chungu

	Nuss	Pflaume	Flasche
Englisch	nut	plum	bottle
Französisch	noix	prune	bouteille
Spanisch	nuez	ciruela	botella
Italienisch	noce	susina	bottiglia
Portugiesisch	noz	ameixa	garrafa
Rumänisch	nucă	prună	sticlă
Holländisch	noot	pruim	fles
Schwedisch	nöt	plommon	flaska
Dänisch	nød	blomme	flaske
Norwegisch	nøtt	plomme	flaske
Polnisch	orzech	śliwka	butelka
Tschechisch	ořech	švestka	láhev
Serbo-Kroatisch	orah	šljiva	flaša
Ungarisch	dió	szilva	palack
Finnisch	pähkinä	luumu	pullo
Türkisch	fındık	erik	şişe
Indonesisch	njiur	prem	botol
Esperanto	nuk'so	pruno	botelo
Russisch	aryékh	slíva	butílka
Griechisch	kari'di	damas'kinon	boti'lia
Arabisch	miksarat	qarasia	zougaga
Hebräisch	egoz	schasif	bakbuk
Jiddisch	nus	floim	flasch
Japanisch	kenkwa	ume	bin
Suaheli	kokwa	tunda kama zambarau	chupa

	alles	kalt	Kaffee
Englisch	all	cold	coffee
Französisch	tout	froid	café
Spanisch	todo	frío	café
Italienisch	tutto	freddo	caffè
Portugiesisch	tudo	frio	café
Rumänisch	tot	rece	cafea
Holländisch	geheel	koud	koffie
Schwedisch	allt	kall	kaffe
Dänisch	all	kold	kaffe
Norwegisch	all	kald	kaffe
Polnisch	wszystko	zimno	kawa
Tschechisch	všechno	studený	káva
Serbo-Kroatisch	sve	hladan	kafa
Ungarisch	minden	hideg	kávé
Finnisch	kaikki	kylmä	kahvi
Türkisch	bütün	soğuk	kahve
Indonesisch	semua	dingin	kopi
Esperanto	ĉio	mal'varma	kafo
Russisch	fsyó	khalódni	kófe
Griechisch	o'los	kri'o	kafes'
Arabisch	koul	barid	qahwa
Hebräisch	kol	kar	kavah
Jiddisch	alts	kalt	kave
Japanisch	zenbu	samui	koohii
Suaheli	-ote	baridi	kahawa

	alt	Rindvieh	arm	Schwein
Englisch	old	cattle	poor	pig
Französisch	vieux	bétail	pauvre	cochon
Spanisch	viejo	ganado	pobre	cerdo
Italienisch	vecchio	bestiame	povero	porco
Portugiesisch	velho	gado	pobre	porco
Rumänisch	vechi	vite	sărac	porc
Holländisch	oud	vee	arm	varken
Schwedisch	gammal	boskap	fattig	svin
Dänisch	gammel	kvæg	fattig	svin
Norwegisch	gammel	buslap	fattig	gris
Polnisch	stary	bydlo	biedny	świnia
Tschechisch	starý	dobytek	chudý	prase
Serbo-Kroatisch	star	stoka	siromašan	svinja
Ungarisch	öreg	marha	szegény	disznó
Finnisch	vanha	nautakarja	köyhä	sika
Türkisch	eski	sığır	fakir	domuz
Indonesisch	tua	ternak	papa, miskin	babi
Esperanto	mal'nova	bovoj	mal'riĉa	porko
Russisch	stári	skot	byédni	svinyá
Griechisch	pali-os'	kopa'di agela'don	ptochos'	chi'ros
Arabisch	qadim	mashiya	faqir	chanzir
Hebräisch	yaschan	bakar	ani	chasir
Jiddisch	alt	beheimeh	orim	schvein
Japanisch	oita	kachiku	mazushii	buta
Suaheli	-zee	mifugo	maskini	nguruwe

	hoch	Verlust	viel	Schulden
Englisch	tall	loss	much	debt
Französisch	haut	perte	beaucoup	dette
Spanisch	alto	pérdida	mucho	deuda
Italienisch	alto	perdita	molto	debito
Portugiesisch	alto	perda	muito	dívida
Rumänisch	înalt	pierdere	mult	datorie
Holländisch	lang	verlies	veel	schuld
Schwedisch	hög	förlust	mycket	skuld
Dänisch	høj	tab	megen	skylda
Norwegisch	høy	tap	megen	gield
Polnisch	wysoki	strata	duzo	dlug
Tschechisch	vysoký	ztráta	mnoho	dluh
Serbo-Kroatisch	visok	izgubiti	mnogo	dug
Ungarisch	magas	veszteség	sok	adósság
Finnisch	korkea	menetys	paljo	velka
Türkisch	uzun boylu	kayıp	çoc	borç
Indonesisch	tinggi	rugi	banjak	utang
Esperanto	alta	perdo	multo	ŝuldo
Russisch	visóki	patyérya	mnógo	dolk
Griechisch	psilos'	apo'lia	poli', pola'	chre'os
Arabisch	tawil	chisara	katsir	dayn
Hebräisch	gavoha	hefssed	harbeh	chovah
Jiddisch	hoich	schoden	assach	choif
Japanisch	tak ai	sonhitsu	takusan no	shakkin
Suaheli	-refu	hasara	-ingi	deni

	schwer	Unfall	schlecht	Gesundheit
Englisch	heavy	accident	bad	health
Französisch	lourd	accident	mauvais	santé
Spanisch	pesado	accidente	malo	salud
Italienisch	pesante	accidente	cattivo	salute
Portugiesisch	pesado	acidente	máu	saúde
Rumänisch	greu	accident	rău	sănătate
Holländisch	zwaar	ongeluk	slecht	gezondheid
Schwedisch	tung	olycks-händelse	dålig	hälsa
Dänisch	tung	ulykke	slet	sundhed
Norwegisch	tung	uiykke	dårlig	helse
Polnisch	ciężki	wypadek	zly	zdrowie
Tschechisch	tezký	úraz	spatný	zdraví
Serbo-Kroatisch	težak	nezgoda	loš	zdravlje
Ungarisch	nehéz	baleset	rossz	egészség
Finnisch	raskas	tapaturma	huono	terveys
Türkisch	c'ağir	kaza	fena	sıhhat
Indonesisch	berat	tjelaka	buruk	kesěhat
Esperanto	peza	akcidento	mal'bona	sano
Russisch	tyazhóli	neschástni slúchai	plakhóy	zdaróvye
Griechisch	varis'	disti'chima	kakos'	iyi'a
Arabisch	tsaqil	haditsa	sayyi	siha
Hebräisch	kavet	teunah	ra	briut
Jiddisch	schver	umglik	schlecht	gezundheit
Japanisch	omoi	jiko	warui	kenkoo
Suaheli	-zito	tukio baya	-baya	uzima

	groß	Schaden	null	Geld
Englisch	large	damage	zero	money
Französisch	grand	dommage	zéro	argent
Spanisch	grande	daño	cero	dinero
Italienisch	largo	danno	zero	denaro
Portugiesisch	grande	dano	zero	dinheiro
Rumänisch	mare	pagubă	zero	bani
Holländisch	groot	schade	nul	geld
Schwedisch	stor	skada	noll	pengar
Dänisch	stor	skade	nul	penge
Norwegisch	stor	skade	null	penger
Polnisch	wielki	szkoda	zero	pieniadze
Tschechisch	velký	škoda	nula	peníze
Serbo-Kroatisch	veliki	šteta	nula	novac
Ungarisch	nagy	kár	nulla	pénz
Finnisch	suuri	vahinko	nolla	raha
Türkisch	büyük	zarar	sıfır	para
Indonesisch	besar	rugi	nol	uang
Esperanto	granda	difekto	nulo	mono
Russisch	balshóy	vryét	nul	dyéngi
Griechisch	mega'los	zimi'a	miden	lepta'
Arabisch	kabir	talaf	sifr	nouqoud
Hebräisch	gadol	nesek	efes	mamon
Jiddisch	agroiss	schoden	nul	geld
Japanisch	ooki'i	songai	rei	kinsen
Suaheli	-kubwa	hasara	sifuri	fedha

	hängen	Brust	traurig	Schwanz
Englisch	hang	breast	sad	tail
Französisch	pendre	sein	triste	queue
Spanisch	colgar	seno	triste	rabo
Italienisch	pendere	seno	triste	coda
Portugiesisch	pendurar	seio	triste	cauda
Rumänisch	atima	sîn	trist	coadă
Holländisch	hangen	borst	droevig	staart
Schwedisch	hänga	barm	sorglig	svans
Dänisch	haenge	barm	trist	hale
Norwegisch	henge	barm	sturen	hale
Polnisch	wieszać	lono	smutny	ogon
Tschechisch	věsiti	prsa	smutný	ocas
Serbo-Kroatisch	obesiti	prsa	tužan	rjep
Ungarisch	akaszt	kebel	szomorú	farok
Finnisch	ripustaa	povi	surullinen	häntä
Türkisch	asmak	göğüs	hazin	kuyruk
Indonesisch	gantung	tétèk	sedih	èkor
Esperanto	pendi	brusto	grava	fin'aĵo
Russisch	vyéshát	grut	pechálni	khvost
Griechisch	kremo'	sti'thos	lipime'nos	oura'
Arabisch	yashnouq	tsadye	hazin	tzayl
Hebräisch	talah	chaseh	atsuf	sanav
Jiddisch	hengen	brust	troirig	vejdel
Japanisch	kakeru	mune	kanashii	o
Suaheli	angika	kifua	-a huzuni	mkia

	schwarz	Freitag	13
Englisch	black	Friday	thirteen
Französisch	noir	vendredi	treize
Spanisch	negro	viernes	trece
Italienisch	nero	venerdi	tredici
Portugiesisch	prêto	sexta-feira	treze
Rumänisch	negru	vineri	treisprezece
Holländisch	zwart	Vriijdag	dertien
Schwedisch	svart	fredag	tretton
Dänisch	sort	fredag	tretten
Norwegisch	svart	fredag	tretten
Polnisch	czarny	piatek	trzynaście
Tschechisch	cerný	pátek	trináct
Serbo-Kroatisch	crn	petak	trinaest
Ungarisch	fekete	péntek	tizenhárom
Finnisch	musta	perjantai	kolmetoista
Türkisch	kara	cuma	on üc
Indonesisch	hitam	Djumahat	tigabelas
Esperanto	nigro	vendredo	dek tri
Russisch	chórni	pyátnitsa	trinátsit
Griechisch	ma'vros	Paraskevi'	dekatri'a
Arabisch	aswad	al goumaa	tsalatsat ashar
Hebräisch	schachor	yom schischi	schloschah assar
Jiddisch	schvarts	freitog	dreitsen
Japanisch	kuroi	kin'yoobi	juusan
Suaheli	-eusi	Ijumaa	kumi na tatu

	verstehen	Bahnhof	viel	Verdruß
Englisch	understand	station	much	trouble
Französisch	comprendre	gare	beaucoup	trouble
Spanisch	comprender	estación	mucho	molestia
Italienisch	capire	stazione	molto	disturto
Portugiesisch	compreender	estacão	muito	perturbacão
Rumänisch	înțelege	statiune	mult	necaz
Holländisch	begrijpen	station	veel	moeite
Schwedisch	förstå	station	mycket	bekymmer
Dänisch	forstå	station	megen	sorg
Norwegisch	forstå	stasjon	megen	vanskeligbet
Polnisch	rozumieć	stacja	dużo	klopot
Tschechisch	rozumĕti	nádrăzí	mnoho	nesnáz
Serbo-Kroatisch	razjumeti	stanić	mnogo	nevolja
Ungarisch	megért	állomás	sok	gond
Finnisch	ymmärtää	asema	paljo	huoli
Türkisch	anlamak	istasyon	çok	zahmet
Indonesisch	mengerti, paham	stasium	banjak	susah
Esperanto	kompreni	stacio	multo	ĝeno
Russisch	panimát	stántsiya	mnógo	górye
Griechisch	katalave'no	stathmos'	poli',pola'	fasari'a
Arabisch	yafham	mihatta	katsir	mashakil
Hebräisch	hevin	tachanah	harbeh	tsara
Jiddisch	farschteyen	voksal	assach	tsore
Japanisch	ryookai suru	eki	takusan no	mendoo
Suaheli	fahamu	stesheni	-ingi	mashaki

Abgesang

Endlich! Leser(in). Eine absolut sinnlose Folge Deiner Alphabetisierung liegt hinter Dir: die Lektüre dieses deprimierend nutzlosen Buches. Magst Du auch vorher kein Versager gewesen sein, jetzt bist Du es allemal, wo Du bis hierher lesend vorgedrungen bist. Willkommen! Du gehörst endgültig zu uns: zur qualifizierten Mehrheit der Menschheit, zu den erfolglosen Glücklichen, denen nichts gelingt und denen es der Herr deshalb im Schlafe geben muß.

Der Herausgeber dieses wunderbaren (!) Lexikons wischt sich eine Träne des Glücks aus dem Augenwinkel, weil Du, Leser(in), ihm die Treue gehalten hast. Und — paß gut auf Leser(in)! — dafür schenkt er Dir völlig spesen- und kostenfrei eine Zugabe, auf die all jene, die weiter vorne schon schlapp gemacht haben (Recht geschieht's denen!), verzichten müssen.

Die Zugabe handelt von den erhabensten Repräsentanten unserer gigantischen Gemeinschaft, von den Propheten. Diese erlesenen Herren haben, solange es Menschen gibt, die hervorragendsten Plagen, die vernichtendsten Niederlagen sowie Katastrophen von galaktischen Ausmaßen vorausgesagt. Einer versuchte stets den anderen zu übertreffen. Ihre Greuelphantasien sind derart grell, daß die Niederlagen des Lebens eher im behaglichen Dämmerlicht der Weisheit und Nachsicht aufzukeimen und zu vergehen scheinen. Immer ist den Propheten »die Zeit nahe«. Und — was uns besonders freut — sie haben stets Verwirrung en masse gestiftet und immer und immer wieder danebengeraten. Daß es hie und da einmal einen Zufallstreffer gab, kann unser Vergnügen nicht schmälern; d'accord, Leser(in)?

An die Vergangenheit soll hier — so weit hinten im Buch — nicht mehr gerührt werden. Was unsere prophetischen Superstars (Daniel, Johannes, Isaias, Malachias, Nostradamus, Cayce, Johannsson, Jeane Dixon) für die Zukunft an Heimsuchungen zu bieten haben, das allerdings gehört hierher und schreit geradezu nach Veröffentlichung. Bitte schön:*

1985/6

Es wird Steine regnen, und Blut und Milch werden vom Himmel fallen. Wieder einmal wird der Halleysche Komet auf die Erde zu düsen. In den Ozean wird er plumpsen. Ein Wellenberg wird sich Kilometer-hoch auftürmen — luck-luck, weg ist ein großer Teil des Spezies Mensch.

Und weil eh alles so schrecklich ist, bricht in Italien eine blutige Revolution aus, die schamlos auch dem Papst den Stuhl Petri zerdeppert.

* Quelle: Allgeier, Morgen soll es Wahrheit werden. Prophezeiungen über unser Schicksal in den 80er Jahren und vor der Jahrtausendwende. 4. Auflage, München, 1981.

1987

Die Scheichs, Leser(in), die uns letztlich mit unverschämten Ölpreisen drangsalierten, lösen im Hochsommer den dritten Weltkrieg aus. Erst gehen sie auf Israel, Ägypten und die Türkei los. Und dann wird — »möglicherweise«, wie die Propheten etwas unsicher prognostizieren — New York zerstört. Um der Gerechtigkeit willen wird Florida von einem verheerenden Erdbeben verwüstet, damit es den reichen Pensionären, die dort unten die Sonne genießen, nicht zu wohl wird.

1988

Olympia-Jahr. Die Erde räuspert sich wieder. Ein vollbesetztes Stadion (Olympiade?) stürzt ein. Wenn das vollbracht ist, kommt auch die 72stündige Sonnenfinsternis. Weder Sonne noch Sterne werden zu sehen sein. Die Luft wird giftig sein, weil die Erde durch eine kosmische Wolke schlingert. Leser(in): Fenster zu, Geliebte(n) ins Bett, Bier und Bouletten aufs Beistelltischchen, und ab durch die Katastrophe.

1989

O diese Italiener. Jetzt errichten sie auch noch eine Diktatur, schaffen das Christentum ab und führen die Meditation als religiöse Pflichtübung ein. Neue Propheten treten auf. Die kommen allerdings nicht so recht zum Zuge, weil unsere alten Propheten diese Konkurrenz mehr oder weniger unverrichteterdinge krepieren lassen. Damit diese Mißgunst nicht so sehr auffällt, knallen sie uns in ihren Weissagungen fix noch einen kapitalen Meteoriten ins Europäische. Leser(in), mach Dich dünn, sonst wirst Du platt gehauen.

1998

Paß auf, Leser(in)! Die Erdachse verlagert sich. Der Nordpol liegt etwa bei Wanne-Eikel. Rom reagiert auf die veränderte Lage, indem es den Donnerstag zum Sonntag erklärt. — Nicht vergessen, Dienstag die Einkäufe fürs Wochenende erledigen!

1999

Der französische Präsident begeht Selbstmord. Der 18jährige Heinrich kommt an die Macht und vertreibt die Tyrannen aus Italien.

21. Jh.

Nichts als Katastrophen.

2133

Haha! Leser(in). Das ist stark. In diesem Jahr bricht der Frieden aus. Für die nächsten 1000 Jahre versteht sich. Und wir, Du Leser(in), und ich, der Herausgeber, werden dieses einzige Freudendatum auf dem weiten Felde der Weihsagungen nicht mehr erleben. Wir sind halt die geborenen Verlierer und die gestorbenen Versager. Gottseidank!
Mach's schlecht, Leser(in), bis zum nächsten Mal.
Schreib mal zwischendurch. Du weißt ja, meine Adresse steht vorne, auf Seite 2.

Dein Herausgeber

Ende

Richtig! — die Pausen zwischen den Niederlagen füllt Hans Huckebein, der Unglücksrabe. Er ist einer der zahlreichen troubleshooter, die Wilhelm Busch (1832—1908) aufs Papier gestrichelt hat. Busch war und ist unser Mann! Er kannte und respektierte menschliche Unzulänglichkeiten wie kein zweiter. Die großen Niederlagen des Lebens, wie Ehe, Kinderaufzucht, Firmengründung etc., vermied er, um sich mit all seiner Sensibilität den kleinen Nackenschlägen des Schicksals hinzugeben.

»Wilhelm, wir Nachgeborenen danken dir. Du hast eine Ästhetik des Mißerfolgs entwickelt, von der wir heute noch wunderbar zehren können. Laß dir's gut gehen im Olymp der Versager. Ciao, bis bald.«

Prost!